# TEST 1 詳解

## 聽力測驗（第 1-20 題，共 20 題）

### 第一部分：辨識句意（第 1-3 題，共 3 題）

1. (**B**) (A)  (B)  (C)

They are playing on a seesaw in the park.
他們正在公園裡玩翹翹板。
\* seesaw〔'si,sɔ〕*n.* 翹翹板

2. (**A**) (A)  (B)  (C)

One of Tom's parents is the owner of the laundry.
湯姆的父母其中一位是洗衣店老闆。
\* owner〔'onə〕*n.* 所有者　　laundry〔'lɔndrɪ〕*n.* 洗衣店

3. (**A**) (A)  (B)  (C)

Penny likes to surf the Net during her free time.

佩妮喜歡在她空閒時上網。

* surf〔sɝf〕*v.* 上（網）；衝浪　　***free time*** 空閒時間

## 第二部分：基本問答（第 4-10 題，共 7 題）

4. ( **B** ) What's wrong with your glasses? 你的眼鏡怎麼了？

   (A) It's broken. 它破掉了。

   (B) They're broken. 它們破掉了。(眼鏡為可數名詞）

   (C) It's pretty good. 它相當地好。

   \* ***What's wrong with*** ~? ～怎麼了？

   　glasses〔'glæsɪz〕*n. pl.* 眼鏡　　broken〔'brokən〕*adj.* 破裂的

   　pretty〔'prɪtɪ〕*adv.* 相當地

5. ( **B** ) In order to see the doctor, you must make an appointment
   first. 為了要看醫生，你必須先預約。

   (A) How about going there right now?

   　　我們現在去那裡如何呢？

   (B) Thank you for advising me. 謝謝你給我的勸告。

   (C) I think it is awful. 我認為這很糟糕。

   \* ***in order to*** *V* 為了⋯

   　appointment〔ə'pɔɪntmənt〕*n.* 約會；約診；預約

   　***How about*** ~? ～如何？　　***right now*** 現在

   　advise〔əd'vaɪz〕*v.* 勸告　　awful〔'ɔful〕*adj.* 很糟的

6. ( **A** ) Would you mind giving me a ride? 你介意載我一程嗎？

   (A) Where to? 去哪？

   (B) I was late for school. 我上學遲到了。

   (C) With pleasure. 非常樂意。

   \* ***give*** *sb.* ***a ride*** 載某人一程　　late〔let〕*adj.* 遲到的

   　pleasure〔'plɛʒɚ〕*n.* 喜悅；樂趣

7. ( **A** ) Believe it or not, I got the best grades on the English test.

　　　　信不信由你，我英文考試得到最好的成績。

　　　　(A) I am so surprised. 我很驚訝。

　　　　(B) Of course, you got it. 當然，你懂了。

　　　　(C) Yes, I mean it. 對，我是認真的。

　　　　* **believe it or not** 信不信由你　　　grade〔gred〕*n.* 成績；分數
　　　　surprised〔sə'praɪzd〕*adj.* 驚訝的
　　　　**of course** 當然　　**you got it** 你了解了；你懂了；你拿到了
　　　　mean〔min〕*v.* 意思是　　**I mean it** 我是認真的

8. ( **C** ) I can't believe it — another hot day.

　　　　我真不敢相信—又是很熱的一天。

　　　　(A) So can I. 我也相信。

　　　　(B) You caught a cold. 你感冒了。

　　　　(C) It is summer, you know. 現在是夏天，你知道的。

　　　　* believe〔bə'liv〕*v.* 相信　　**catch a cold** 感冒

9. ( **A** ) How are you doing today? 你今天好不好？

　　　　(A) Couldn't be better. 好極了。(現在)

　　　　(B) Couldn't have been better. 當時好極了。(過去)

　　　　(C) I cook dinner for my husband. 我為我的丈夫煮晚餐。

　　　　* do〔du〕*v.* 進展　　**Couldn't be better**. 非常好。
　　　　husband〔'hʌzbənd〕*n.* 丈夫

10. ( **C** ) Jimmy is the most forgetful person I've ever met.

　　　　吉米是我見過最健忘的人。

　　　　(A) Don't make fun of him anymore. 不要再取笑他了。

　　　　(B) Jimmy is certainly very humorous.
　　　　　　吉米毫無疑問非常幽默。

　　　　(C) I couldn't agree with you more. 我非常同意你。

* forgetful〔fəˋgɛtfəl〕*adj.* 健忘的　　***make fun of*** 嘲弄；取笑
　　　　certainly〔ˋsɝtn̩lɪ〕*adv.* 確實地；無疑地
　　　　humorous〔ˋhjumərəs〕*adj.* 幽默的
　　　　***can't agree with*** *sb.* ***more*** 非常同意某人

## 第三部分：言談理解（第 11-20 題，共 10 題）

11. (**C**)　W：What's wrong?

　　　　女：怎麼了？

　　　　M：I have a headache and a cough.

　　　　男：我頭痛又咳嗽。

　　　　W：Anything else?

　　　　女：還有其他症狀嗎？

　　　　M：A runny nose and dizziness.

　　　　男：流鼻涕和頭暈。

　　　　W：You must have a cold.　I'll give you some medicine.
　　　　　　If you don't improve, come back and see me.

　　　　女：你一定是感冒了。我給你一些藥，如果你沒有好轉，再回
　　　　　　來找我。

　　　　Question：Who are the speakers? 說話者是誰？

　　　　(A) A teacher and a student. 老師和學生。

　　　　(B) A brother and a sister. 兄妹。

　　　　(C) A doctor and a patient. 醫生和病人。

　　　　* wrong〔rɔŋ〕*adj.* 不對勁的　　headache〔ˋhɛd͵ek〕*n.* 頭痛
　　　　cough〔kɔf〕*n.* 咳嗽　　else〔ɛls〕*adj.* 其他的
　　　　***runny nose*** 流鼻水　　dizziness〔ˋdɪzɪnɪs〕*n.* 頭暈
　　　　***have a colde*** 感冒　　medicine〔ˋmɛdəsn̩〕*n.* 藥
　　　　improve〔ɪmˋpruv〕*v.* 改善；好轉

12. (**C**)　W：You eat a lot of junk food.　Aren't you afraid of
　　　　　　gaining weight?

　　　　女：你吃了好多垃圾食物。你不怕體重增加嗎？

M : I exercise every day so I can eat whatever I like.

男：我每天都運動，所以我可以吃任何我喜歡的東西。

W : But I think you'll look better if you go on a diet and lose a few pounds.

女：但是我認為如果你節食，並且減輕幾磅會看起來更好。

Question : Why can the man eat whatever he wants?

為什麼男士可以吃任何他想吃的？

(A) Because he doesn't care if he gains weight.

因為他不在乎他體重是否會增加。

(B) Because he has lost a few pounds.

因為他已經減輕了幾磅。

(C) Because he exercises. 因為他運動。

* ***junk food*** 垃圾食物　　gain〔gen〕*v.* 增加
  weight〔wet〕*n.* 體重　　exercise〔'ɛksə͵saɪz〕*v.* 運動
  think〔θɪŋk〕*v.* 認為　　***go on a diet*** 節食
  lose〔luz〕*v.* 減少　　pound〔paʊnd〕*n.* 磅【1 磅 = 0.454 公斤】

13. ( **B** ) M : What happened next?

男：接下來發生了什麼事？

W : Next I dreamt that my feet turned into rocks, and would not run, and I was so afraid.

女：接著，我夢到我的雙腳變成石頭，無法跑，而且我很害怕。

Question : What is the woman describing?

女士正在描述什麼？

(A) A hut in the woods. 森林裡的小屋。

(B) A bad dream. 惡夢。

(C) A fairy tale. 童話故事。

* happen〔'hæpən〕*v.* 發生　　next〔nɛkst〕*adv.* 接下來
  ***turn into*** 變成　　rock〔rɑk〕*n.* 岩石
  describe〔dɪ'skraɪb〕*v.* 描述　　hut〔hʌt〕*n.* 小屋
  fairy〔'fɛrɪ〕*n.* 仙女　　tale〔tel〕*n.* 故事
  ***fairy tale*** 童話故事

14. ( **A** ) W : Parker, what are the new school rules on hair?  Any
changes?

女：帕克，關於頭髮的新校規是什麼？有什麼改變嗎？

M : Yes, now hair can be any length you want but it must
be clean and neat.

男：有，現在頭髮可以留你想要的任何長度，但必須乾淨和
整齊。

W : How about hair color?  Can we dye our hair?

女：那頭髮的顏色呢？我們可以染頭髮嗎？

M : No, all hair must remain its natural color.

男：不行，全部的頭髮都必須保留它原來的顏色。

Question：What are the new hair rules?

新的頭髮規定是什麼？

(A) Hair can be long or short. 頭髮可以留長或留短。

(B) Any color of hair is now OK.

現在任何的髮色都可以。

(C) You can only color your hair a natural color.

你只可以染你的頭髮原來的顏色。

* rule〔rul〕*n.* 規定　change〔tʃendʒ〕*n.* 改變
length〔lɛŋkθ〕*n.* 長度　neat〔nit〕*adj.* 整齊的
color〔ˈkʌlə〕*n.* 顏色　*v.* 染色於…　dye〔daɪ〕*v.* 染
remain〔rɪˈmen〕*v.* 保持
natural〔ˈnɑtʃərəl〕*adj.* 自然的；天生的

15. ( **B** ) W : Do you think Aaron will get here at seven o'clock?

女：你認為艾倫在七點的時候會到這裡嗎？

M : If Aaron doesn't, nobody will.

男：如果連艾倫都辦不到，沒有人可以。

Question：What does the man mean? 男士的意思是什麼？

(A) Nobody will let Aaron come. 沒有人會讓艾倫來。

(B) Nobody will come earlier than Aaron.
   沒有人會比艾倫還要早來。

(C) He hopes Aaron won't come. 他希望艾倫不會來。

   * nobody (ˈnobɑdɪ ) *pron.* 沒有人　　mean ( min ) *v.* 意思是…

16. ( **B** ) W : Where are you going in such a hurry?
   女：你這麼急著要去哪？
   M : I have to get to the station to pick my mom up.
   男：我必須要去車站接我媽媽。
   W : What time does her train arrive?
   女：她的火車幾點抵達？
   M : Five minutes ago!
   男：五分鐘前！

   Question : Where is the man's mother? 男士的母親在哪裡？

   (A) She's going to the train station. 她正要去火車站。
   (B) She's waiting at the train station. 她正在火車站等候。
   (C) She's on the train. 她在火車上。

   * *in a hurry* 匆忙地；急忙地　　*get to* 抵達
     station (ˈsteʃən ) *n.* 車站　　*pick sb. up* 接；載（某人）
     arrive ( əˈraɪv ) *v.* 到達　　wait ( wet ) *v.* 等待

17. ( **C** ) W : What time is your violin lesson?
   女：你的小提琴課是什麼時候？
   M : It's usually at 5:00, but it was cancelled today.
   男：通常是五點，但是今天取消了。
   W : Why?  What happened?
   女：爲什麼？發生了什麼事？
   M : She is out of town.
   男：她出城了。

   Question : Where is the boy's violin teacher?
   　　　　　男孩的小提琴老師在哪裡？

(A) She is in the classroom. 她在教室。

(B) She is in the hospital. 她在醫院。

(C) She is in another town. 她在別的城鎮。

* violin〔͵vaɪə'lɪn〕*n.* 小提琴　　cancel〔'kænsḷ〕*v.* 取消
　town〔taʊn〕*n.* 城鎮　　hospital〔'hɑspɪtḷ〕*n.* 醫院

18. ( **C** ) W：I can't decide. Which pair of shoes do you like better?

女：我無法決定。哪一雙鞋你比較喜歡？

M：I like the blue shoes. They make you look taller.

男：我喜歡藍色那雙。它們使你看起來比較高。

W：But they are not comfortable. I think I will buy the black ones.

女：但是它們穿起來不舒服。我覺得我會買黑色那雙。

Question：Why didn't the woman buy the blue ones?
　　　　　女士為什麼不買藍色那雙？

(A) They made her look too tall. 它們使她看起來太高。

(B) They were too expensive. 它們太貴了。

(C) They were uncomfortable. 它們穿起來不舒服。

* decide〔dɪ'saɪd〕*v.* 決定　　pair〔pɛr〕*n.* 一雙
　comfortable〔'kʌmfətəbḷ〕*adj.* 舒服的
　uncomfortable〔ʌm'kʌmfətəbḷ〕*adj.* 不舒服的

19. ( **A** ) W：Do you have an extra pencil?

女：你有一支額外的鉛筆嗎？

M：I'm sorry, but I only have this one.

男：我很抱歉，但是我只有這一支。

W：That's all right. I'll ask someone else.

女：沒關係。我再問問看其他人。

Question：What will the woman do? 女士會怎麼做？

(A) Borrow a pencil from another student.

向另一位學生借一支鉛筆。

(B) Lend a pencil to another student.

借一支鉛筆給另一位學生。

(C) Use her extra pencil. 用她額外的鉛筆。

* extra ('ɛkstrə ) *adj.* 額外的　　***That's all right.*** 沒關係。
borrow ('bɔro ) *v.* 借（入）　　lend ( lɛnd ) *v.* 借（出）

20. ( **B** ) W : Look!　It's raining again.　And we have to walk home.

女：你看！又下雨了。而且我們必須走路回家。

M : Let's wait until it stops.

男：我們等雨停。

W : Good idea.　We can have some coffee and cakes in
that shop over there.

女：好主意。我們可以在那邊的那家店裡喝一些咖啡和吃蛋糕。

Question：What will they do when the rain stops?

當雨停的時候，他們將要做什麼？

(A) They will drink coffee. 他們將要喝咖啡。

(B) They will go home. 他們將要回家。

(C) They will eat cakes. 他們將要吃蛋糕。

* rain ( ren ) *v.* 下雨　　have ( hæv ) *v.* 吃；喝
coffee ('kɔfɪ ) *n.* 咖啡　　***over there*** 在那裡

## 閱讀測驗（第 21-60 題，共 40 題）

**第一部分：單題（第 21-35 題，共 15 題）**

21. ( **B** ) 繁忙的交通會帶給我們空氣污染的問題和環境的破壞。

　　(A) tradition ( trə'dɪʃən ) *n.* 傳統

　　(B) ***pollution*** ( pə'luʃən ) *n.* 污染

　　(C) invention ( ɪn'vɛnʃən ) *n.* 發明

　　(D) production ( prə'dʌkʃən ) *n.* 製造；生產

* heavy〔ˋhɛvɪ〕*adj.*（交通）繁忙的　　traffic〔ˋtræfɪk〕*n.* 交通
bring〔brɪŋ〕*v.* 帶來　　problem〔ˋprɑbləm〕*n.* 問題
air〔ɛr〕*n.* 空氣　　destruction〔dɪˋstrʌkʃən〕*n.* 破壞
environment〔ɪnˋvaɪrənmənt〕*n.* 環境

22.（**C**）我昨天在書店偶遇一位我的老友，所以我們決定去最近的咖啡廳
　　　喝杯茶。

　　　(A) go into　進入；從事　　(B) look into　調查

　　　(C) ***bump into***　偶然遇到　　(D) turn into　變成

　　　* bookstore〔ˋbʊkˌstor〕*n.* 書店　　near〔nɪr〕*adj.* 近的；附近的

23.（**D**）為了要實現你的夢想，你必須運用你的想像力並且努力工作。

　　　不定詞 to 可表「目的」，故選 (D) ***To realize***「為了實現」。

　　　realize〔ˋrɪəˌlaɪz〕*v.* 實現

　　　* imagination〔ɪˌmædʒəˋneʃən〕*n.* 想像力

24.（**A**）如果這是一個有用的建議，你應該接受它並且立刻採取行動。

　　　(A) ***useful***〔ˋjusfəl〕*adj.* 有用的

　　　(B) foreign〔ˋfɔrɪn〕*adj.* 外國的

　　　(C) silent〔ˋsaɪlənt〕*adj.* 沉默的

　　　(D) impossible〔ɪmˋpɑsəbḷ〕*adj.* 不可能的

　　　* suggestion〔səˋdʒɛstʃən〕*n.* 建議
　　　accept〔əkˋsɛpt〕*v.* 接受　　***take action***　採取行動
　　　immediately〔ɪˋmidɪɪtlɪ〕*adv.* 立刻

25.（**D**）根據研究，最近馬來西亞的生活水準已經提高。

　　　(A) follow〔ˋfɑlo〕*v.* 跟隨

　　　(B) raise〔rez〕*v.* 提高；舉起；養育【須改成 been raised 才能選】

　　　(C) succeed〔səkˋsid〕*v.* 成功

　　　(D) ***rise***〔raɪz〕*v.* 上升；變高

　　　* ***according to***　根據　　research〔ˋrisɜtʃ〕*n.* 研究
　　　standard〔ˋstændəd〕*n.* 水準　　living〔ˋlɪvɪŋ〕*n.* 生活
　　　***standard of living***　生活水準
　　　Malaysia〔məˋleʃɪə〕*n.* 馬來西亞
　　　recently〔ˋrisntlɪ〕*adv.* 最近

26. ( **C** ) 當你讀<u>完</u>那本書時，請歸還。

　　　表時間的副詞子句中，須以現在式代替未來式，
　　　故選 (C) *finish*〔'fɪnɪʃ〕*v.* 完成。
　　　* return〔rɪ'tɝn〕*v.* 歸還

27. ( **D** ) 我昨晚本來想和你一起去夜店，但是我<u>太</u>累了<u>而無法去</u>。

　　　too~to + V. 表「太～而不…」，故選 (D) *too ; to go*。
　　　* nightclub〔'naɪt,klʌb〕*n.* 夜總會；夜店
　　　　tired〔taɪrd〕*adj.* 疲倦的；累的

28. ( **B** ) 那家公司<u>因為</u>那位男士的<u>年齡</u>而拒絕雇用他是違法的。

　　　(A) beyond〔bɪ'jɑnd〕*prep.* 超過；在…之外
　　　(B) *because of* 因為
　　　(C) according to 根據　　　(D) depond on 依賴
　　　* illegal〔ɪ'ligl̩〕*adj.* 違法的　　company〔'kʌmpənɪ〕*n.* 公司
　　　　refuse〔rɪ'fjuz〕*v.* 拒絕　　employ〔ɪm'plɔɪ〕*v.* 雇用

29. ( **B** ) 不要同時想兩件事情。反之，你應該<u>專心</u>在課業上。

　　　(A) concern〔kən'sɝn〕*v.* 擔心 < *about* >；
　　　　　與…有關 < *with* >
　　　(B) *concentrate*〔'kɑnsn̩,tret〕*v.* 專心 < *on* >
　　　(C) consider〔kən'sɪdɚ〕*v.* 考慮；認為
　　　(D) congratulate〔kən'grætʃə,let〕*v.* 祝賀
　　　* *at the same time* 同時
　　　　instead〔ɪn'stɛd〕*adv.* 取而代之；反之
　　　　studies〔'stʌdɪz〕*n. pl.* 學業

30. ( **C** ) 我們下個星期日將要開車去鄉下<u>拜訪</u>阿姨。

　　　(A) notice〔'notɪs〕*v.* 注意　　(B) vote〔vot〕*v.* 投票
　　　(C) *visit*〔'vɪzɪt〕*v.* 拜訪 ( = *pay a visit to* )
　　　(D) shine〔ʃaɪn〕*v.* 照耀
　　　* drive〔draɪv〕*v.* 開車　　countryside〔'kʌntrɪ,saɪd〕*n.* 鄉下
　　　　aunt〔ænt〕*n.* 阿姨；姑姑

31. ( **C** ) 如果<u>天氣</u>可以的話，姊姊和我將在公園野餐。

    (A) grade〔gred〕*n.* 成績    (B) talent〔'tælənt〕*n.* 才能

    (C) ***weather***〔'wɛðɚ〕*n.* 天氣    (D) earth〔ɝθ〕*n.* 地球

    * picnic〔'pɪknɪk〕*n.* 野餐

32. ( **A** ) 歐巴馬先生當選成爲美國總統眞的創造了<u>歷史</u>。

    (A) ***history***〔'hɪstrɪ〕*n.* 歷史    ***make history*** 創造歷史

    (B) effort〔'ɛfɚt〕*n.* 努力    make efforts 努力

    (C) market〔'markɪt〕*n.* 市場

    (D) treasure〔'trɛʒɚ〕*n.* 寶藏

    * elect〔ɪ'lɛkt〕*v.* 選舉    president〔'prɛzədənt〕*n.* 總統

33. ( **B** ) 現在大部分海洋中的<u>生物</u>都遭受嚴重污染的影響。

    (A) alive〔ə'laɪv〕*adj.* 活的【只能做補語，不可放在名詞前】

        例：The fish is still *alive*.（這條魚還活著。）

    (B) ***living***〔'lɪvɪŋ〕*adj.* 活的；生活的；現存的

        ***living creature*** 生物（= *living thing*）

    (C) independent〔ˌɪndɪ'pɛndənt〕*adj.* 獨立的

    (D) delicious〔dɪ'lɪʃəs〕*adj.* 好吃的

    * nowadays〔'nauəˌdez〕*adv.* 現今

      creature〔'kritʃɚ〕*n.* 生物    affect〔ə'fɛkt〕*v.* 影響（= *influence*）

      serious〔'sɪrɪəs〕*adj.* 嚴重的    pollution〔pə'luʃən〕*n.* 污染

34. ( **B** ) 麥可：<u>妳知道現在幾點嗎？</u>

    茉蒂：現在是四點四十五分。還不會太晚。

    麥可：非常謝謝妳。

    (A) What kind of watch do you have?

        你有哪種類型的手錶？

    (B) ***Do you have the time?*** <u>妳知道現在幾點嗎？</u>

    (C) Do you have time? 你有空嗎？

    (D) Do you have free time? 你有空閒時間嗎？

    * quarter〔'kwɔrtɚ〕*n.* 一刻鐘；十五分鐘

     ***a quarter to five*** 差十五分鐘就五點；四點四十五分

35. ( **D** ) 提姆：<u>妳怎麼了？</u>妳看起來不太好。

　　　蘇珊：我不知道。也許我該去看醫生。

　　　(A) How about you? 那妳呢？

　　　(B) What do you look like? 妳看起來如何？

　　　(C) Where are you going? 妳要去哪裡？

　　　(D) *What's wrong with you?* 妳怎麼了？

## 第二部分：題組（第 36-60 題，共 25 題）

（36～39）

---

　　在美國的城市裡，大部分的商店、工廠、和其他的建築物裡都有時鐘。<u>白天的時候</u>，廣播的播音員會播報正確的時間。
　　　　　　　36
這裡的人認為，知道正確的時間很重要。大部分的美國人都有手錶。他們想在某些時刻做某些事情。他們不想遲到。

　　時間並非對各地的人都是如此地重要。在南美洲，你會發現人們不喜歡匆匆忙忙的。如果你和一些朋友有約，他們可能會遲到。他們不想<u>準時</u>到達。
　　　　　　　　　　　37

　　在南美洲，甚至連廣播節目都可能不會準時開始。廣播人員也不認為播報正確時間很重要。許多人<u>認為</u>時鐘是機器。他
　　　　　　　　　　　　　　　　　38
們覺得按照時間做事的人，就是讓時鐘<u>控制</u>他們的生活。他們
　　　　　　　　　　　　　　　39
不想讓時鐘或任何機器，對他們的生活有那麼多控制力。

---

【註釋】

　　***the United States*** 美國（ *= the U.S. = the United States of America*
　　 *= the U.S.A. = America* ）　　factory〔ˋfæktrɪ〕*n.* 工廠
　　building〔ˋbɪldɪŋ〕*n.* 建築物
　　radio〔ˋredɪ͵o〕*n.*（無線電）廣播；收音機

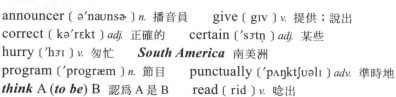

announcer〔əˋnaʊnsɚ〕*n.* 播音員　　give〔gɪv〕*v.* 提供；說出
correct〔kəˋrɛkt〕*adj.* 正確的　　certain〔ˋsɝtn̩〕*adj.* 某些
hurry〔ˋhɝɪ〕*v.* 匆忙　　***South America*** 南美洲
program〔ˋprogræm〕*n.* 節目　　punctually〔ˋpʌŋktʃʊəlɪ〕*adv.* 準時地
***think* A (*to be*) B** 認為 A 是 B　　read〔rid〕*v.* 唸出
machine〔məˋʃin〕*n.* 機器　　let〔lɛt〕*v.* 讓
power〔ˋpaʊɚ〕*n.* 控制力　　***have power over*** 對…有控制力

36.( **B** ) 依句意，選 (B) ***during the day***「在白天」。
　　而 (A) the day after tomorrow「後天」，
　　(C) by the day「按日」，(D) one day「有一天」，皆不合句意。

37.( **C** ) 依句意，選 (C) ***on time***「準時」。
　　而 (A) in time「及時」，(B) by the time「到～的時候」，
　　(D) out of time「不合時宜」，皆不合句意。

38.( **A** ) 依句意，選 (A) ***think of A as B***「認為 A 是 B」。
　　而 (B) think about「考慮」，(C) think over「仔細考慮」，
　　(D) think on「考慮」，皆不合句意。

39.( **D** ) let 為使役動詞，接受詞後，須接原形動詞表「主動」，
　　故選 (D) ***control***〔kənˋtrol〕*v.* 控制。

( 40~43 )

母親節是屬於母親的節日。這個節日被美國、英國、印度
以及其他許多國家所慶祝。在短短的時間內，這個節日變得被
　　　40
廣泛慶祝。母親節適逢五月的第二個星期天。在那一天，許多
人會送給媽媽愛的禮物。母親節這個節日的想法，最初是由費
城的安娜‧賈維斯小姐所想到。因為她的努力，美國首次的母
　　　　　　　　　　　　　　　　41
親節慶祝活動於 1908 年 5 月 10 號在費城舉行。很快地，這個
　　　　　　43　　　　　　　　　　　　42
節日就變得很受全美國，及全世界的歡迎。

【註釋】

*Mother's Day* 母親節　　holiday〔'halə,de〕*n.* 節日
celebrate〔'sɛlə,bret〕*v.* 慶祝　　England〔'ɪŋglənd〕*n.* 英格蘭；英國
India〔'ɪndɪə〕*n.* 印度　　country〔'kʌntrɪ〕*n.* 國家
*in a short time* 不久　　become〔bɪ'kʌm〕*v.* 變得
widely〔'waɪdlɪ〕*adv.* 廣泛地；普遍地　　*fall on* 正逢；適逢；在~
gift〔gɪft〕*n.* 禮物　　idea〔aɪ'diə〕*n.* 想法；構想
Philadelphia〔,fɪlə'dɛlfjə〕*n.* 費城【美國東岸的城市】
*hard work* 努力　　celebration〔,sɛlə'breʃən〕*n.* 慶祝活動
soon〔sun〕*adv.* 很快地　　popular〔'pɑpjələ〕*adj.* 流行的
*all over* 遍及　　*around the world* 全世界

40. ( **C** ) 依句意，以及「其他許多國家」，故選 (C) *many other*。
　　而 (A) the other「(兩者) 另一個」，(B) any other「任何其他
　　的」，(D) another「(三者以上) 另一個」，皆不合句意。

41. ( **D** ) 依句意，「由於」她的努力，選 (D) *as a result of*。
　　而 (A) in contrast to「和…相比」，(B) regardless of「不管；
　　不論」，(C) instead of「而不是」，皆不合句意。

42. ( **B** ) 依句意，母親節的慶祝活動「被舉行」，須用被動語態，
　　故選 (B) *held*。

43. ( **A** ) 表特定的日子，介系詞為 *on*，故選 (C)。

( 44~46 )

　　陳先生和陳太太很擔心他們十七歲的兒子艾瑞克，他只會
到處鬼混，並且結交壞朋友。他們想要他改變，所以有一天，
他們告訴他，要把他送到加拿大，去和阿姨一起住。

　　艾瑞克不想去加拿大，所以他逃家。起初，他暫時去和他
最好的朋友傑佛瑞住在一起。然而，在他花完所有的錢之後，

傑佛瑞就把他趕出去。然後他就去找其他的朋友,但是當他們一發現他不再是個「有錢的」男孩時,就對他很不好。

最後,他了解爲什麼他的父母會覺得他交到壞朋友。他既無助又孤單,所以就回到了父母身邊,向他們保證他會更用功讀書,並且會學習更小心地選擇朋友。陳先生和陳太太對於他們的兒子的改變感到很高興,所以就同意不送他出國。

## 【註釋】

**be worried about** 擔心
seventeen-year-old〔͵sɛvən'tinjɪrold〕*adj.* 十七歲的
**do nothing but** 只是 ( = *only* )
**fool around** 鬼混;無所事事;遊手好閒
company〔'kʌmpənɪ〕*n.* 朋友;同伴
**keep bad company** 交壞朋友 ( ↔ *keep good company* 結交益友 )
change〔tʃendʒ〕*v. n.* 改變　　**one day** 有一天

send〔sɛnd〕*v.* 送　　Canada〔'kænədə〕*n.* 加拿大
aunt〔ænt〕*n.* 阿姨;姑姑　　**run away from** 逃離
**at first** 起初　　stay〔ste〕*v.* 暫住 < *with* >
however〔haʊ'ɛvɚ〕*adv.* 然而　　spend〔spɛnd〕*v.* 花 ( 錢 )
**kick** *sb.* **out** 將某人趕出去　　**look for** 尋找
**upon** + **V-ing** 一～就… ( = *on* + *V-ing* = *as soon as* + 子句 )
see〔si〕*v.* 知道　　**no longer** 不再

rich〔rɪtʃ〕*adj.* 有錢的;富裕的　　treat〔trit〕*v.* 對待
badly〔'bædlɪ〕*adv.* 不好地　　realize〔'riə͵laɪz〕*v.* 了解
helpless〔'hɛlplɪs〕*adj.* 無助的
lonely〔'lonlɪ〕*adj.* 寂寞的;孤單的
return〔rɪ'tɝn〕*v.* 返;回　　promise〔'prɑmɪs〕*v.* 答應;保證
choose〔tʃuz〕*v.* 選擇　　carefully〔'kɛrfəlɪ〕*adv.* 小心地
delighted〔dɪ'laɪtɪd〕*adj.* 高興的　　**be delighted at** 對…很高興
agree〔ə'gri〕*v.* 同意　　abroad〔ə'brɔd〕*adv.* 到國外

44. ( **A** ) 為什麼艾瑞克終於了解到他結交的都是壞朋友？

    (A) <u>當他窮困時，他們對他不好。</u>

    (B) 當他生病時，他們把他趕出去。

    (C) 當他需要幫忙時，他們幫助他。

    (D) 他們要求他出國。

    * need〔nid〕*v.* 需要    ask〔æsk〕*v.* 要求

45. ( **C** ) 當艾瑞克的父母看到艾瑞克的改變之後，他們覺得怎麼樣？

    (A) 他們很擔心。    (B) 他們很驚訝。

    (C) <u>他們很高興。</u>    (D) 他們很困惑。

    * surprised〔sə'praɪzd〕*adj.* 驚訝的

     confused〔kən'fjuzd〕*adj.* 困惑的

46. ( **C** ) 在艾瑞克改變之後，艾瑞克的父母做了什麼？

    (A) 他們很高興地送他去加拿大。

    (B) 他們決定買給他一個禮物。

    (C) <u>他們同意不送他去加拿大。</u>

    (D) 他們給他更多的錢。

    * happily〔'hæpɪlɪ〕*adv.* 高興地    present〔'prɛznt〕*n.* 禮物

（47～49）

---

## 無尾熊海灘

### 五月一日至九月三十日每天早上八點至下午八點開放

停        車： 免費

單日入場費： 成人新台幣一百五十元

              兒童（十二歲以下）新台幣八十元

雙日入場費： 成人新台幣三百元

              兒童（十二歲以下）新台幣一百三十元

季       票： 成人新台幣二千元

              兒童（十二歲以下）新台幣一千二百元

---

### 出售

泳　　　　裝： 新台幣四百五十元（男用）
　　　　　　 新台幣八百元（女用）
太 陽 眼 鏡： 新台幣三百五十元
海 灘 浴 巾： 新台幣兩百五十元

**禁攜寵物、禁止釣魚、禁止升火。**

---

【註釋】

koala〔ko'ɑlə〕*n.* 無尾熊　　　beach〔bitʃ〕*n.* 海灘
open〔'opən〕*adj.* 開放的　*v.* 開始營業
daily〔'delɪ〕*adv.* 每日　*adj.* 每天的　　parking〔'pɑrkɪŋ〕*n.* 停車
free〔fri〕*adj.* 免費的　　admission〔əd'mɪʃən〕*n.* 入場費
adult〔ə'dʌlt〕*n.* 成人　　season〔'sizn̩〕*n.* 季節
pass〔pæs〕*n.* 通行證　　*for sale* 出售
swimsuit〔'swɪn,sut〕*n.* 泳裝
sunglasses〔'sʌn,glæsɪz〕*n. pl.* 太陽眼鏡　　towel〔'tauəl〕*n.* 毛巾
pet〔pɛt〕*n.* 寵物　　fish〔fɪʃ〕*v.* 釣魚　　fire〔faɪr〕*n.* 火；爐火

47. ( **B** ) 王先生和王太太將帶著他們兩個唸小學的小孩，一起去海灘度假
　　　　兩天。他們將要花多少入場費？

　　　　　(A) 新台幣四百六十元。　　(B) <u>新台幣八百六十元。</u>
　　　　　(C) 新台幣五百元。　　　　(D) 新台幣一千元。
　　　　　* vacation〔ve'keʃən〕*n.* 假期
　　　　　　*on vacation* 度假　　cost〔kɔst〕*v.* 花費

48. ( **C** ) 哪一個節日是去無尾熊海灘的好時機？

　　　　　(A) 農曆新年。　　　　　(B) 聖誕節。
　　　　　(C) <u>端午節。</u>　　　　　　(D) 青年節。
　　　　　* holiday〔'hɑlə,de〕*n.* 節日
　　　　　　Christmas〔'krɪsməs〕*n.* 聖誕節
　　　　　　dragon〔'drægən〕*n.* 龍　　boat〔bot〕*n.* 船
　　　　　　festival〔'fɛstəvl̩〕*n.* 節日　　youth〔juθ〕*n.* 青年

49. ( **D** ) 根據上面的告示,下列何者爲眞?

　　　(A) 人們停車須付費。

　　　(B) 人們可以二十四小時享受戲水之樂。

　　　(C) 你可以帶小狗去那裡。

　　　(D) 在那裡釣魚是不被允許的。

　　* following〔'faləwɪŋ〕*adj.* 下列的　　sign〔saɪn〕*n.* 告示
　　　above〔ə'bʌv〕*adj.* 上面的　　pay〔pe〕*v.* 支付 <*for*>
　　　enjoy〔ɪn'dʒɔɪ〕*v.* 享受　　allow〔ə'laʊ〕*v.* 允許;准許

**( 50～52 )**

> 　　騎腳踏車在一八九〇年代非常受歡迎。那時候幾乎沒有任何汽車,而且人們到處騎腳踏車。或許最優秀的腳踏車騎士是紐約市的警察。他們其中有位警官甚至成爲大英雄。
>
> 　　有一天,梅森警官說,他可以騎得像火車一樣快。每個人都笑了,因爲在當時,火車一小時可以行進六十英里。梅森生氣了,所以就計劃要和火車比賽。
>
> 　　這個比賽在紐約的長島舉行。當瑪森贏得比賽時,有數千人爲他歡呼。他全速前進,甚至比時速六十英里還快。報紙讓他以「一分鐘一英里的梅森」而聲名大噪。

**【註釋】**

　　immensely〔ɪ'mɛnslɪ〕*adv.* 非常;極爲
　　popular〔'pɑpjələ〕*adj.* 受歡迎的
　　***in the 1890s*** 在 1890 年代【即 1890-1899 年】
　　hardly〔'hɑrdlɪ〕*adv.* 幾乎不　　ride〔raɪd〕*v.* 騎
　　rider〔'raɪdə〕*n.* 騎士　　police〔pə'lis〕*n.* 警察;警方
　　officer〔'ɔfəsə〕*n.* 警官　　become〔bɪ'kʌm〕*v.* 成爲
　　great〔gret〕*adj.* 偉大的　　hero〔'hɪro〕*n.* 英雄
　　railroad〔'rel,rod〕*n.* 鐵路　　laugh〔læf〕*v.* 笑

*in those days* 在當時　　travel〔ˋtrævḷ〕v. 行進；前進
mile〔maɪl〕n. 英里　　race〔res〕n. 比賽　v. 全速前進
against〔əˋgɛnst〕prep. 以…為競爭對手　　plan〔plæn〕v. 計劃
*take place* 舉行　　*Long Island* 長島【位於美國紐約外海的一個島】
*thousands of* 數以千計的　　cheer〔tʃɪr〕v. 歡呼
win〔wɪn〕v. 贏　　*be famous as* 以～而聞名

50.( **B** )　在一八九〇年代，_____很少。

(A) 腳踏車　　(B) 汽車　　(C) 人　　(D) 警察
\* few〔fju〕adj. 很少的

51.( **D** )　在第二段的 **travel** 這個字意思是 _____。

(A) 工作　　(B) 旅行　　(C) 建造　　(D) 移動
\* paragraph〔ˋpærəˏgræf〕n. 段落　　mean〔min〕v. 意思是

52.( **C** )　最好的標題是 _____。

(A)「紐約的警察」　　　　(B)「緩慢的腳踏車騎士」
(C)「一分鐘一英里的梅森」(D)「腳踏車如何變得受歡迎」
\* title〔ˋtaɪtḷ〕n. 標題

（53～56）

請看以下告示，並且回答問題。

# 走失：波絲貓

※ 十一月十五日，星期一，晚間九點半走失

※ 走失地點在中山紀念公園

※ 對牠的名字「米奇」有反應

※ 四歲公貓，毛色灰黑

※ 凡因提供消息而尋獲，將有兩百美元的報酬

請致電布朗家，電話是 923-4589，不論何時均可來電。

我們很想念牠!! ☹

【註釋】

notice〔'notɪs〕 *n.* 告示；公告　　lost〔lɔst〕 *adj.* 遺失的；走失的
Persian〔'pɝʒən , 'pɝʃən〕 *adj.* 波斯的
memorial〔mə'mɔrɪəl〕 *adj.* 紀念的
answer〔'ænsɚ〕 *v.* 回答；對…有反應 < *to* >
male〔mel〕 *adj.* 公的
coat〔kot〕 *n.* ( 動物的 ) 毛皮　　reward〔rɪ'wɔrd〕 *n.* 報酬；獎賞
information〔,ɪnfɚ'meʃən〕 *n.* 消息　　*lead to* 導致
retrieval〔rɪ'trivḷ〕 *n.* 尋獲；找回　　*the Browns* 布朗一家人

53. ( **C** ) 這是關於什麼的告示？

(A) 即將到來的表演。　　(B) 車庫拍賣會。

(C) 尋找失物。　　(D) 通緝犯。

＊coming〔'kʌmɪŋ〕 *adj.* 即將來臨的
　show〔ʃo〕 *n.* 表演　　garage〔gə'rɑʒ〕 *n.* 車庫
　*garage sale* 車庫拍賣會
　wanted〔'wɑntɪd〕 *adj.* 通緝的

54. ( **D** ) 當這隻波絲貓聽到「米奇」時，牠會有什麼反應？

(A) 牠會去睡覺。　　(B) 牠會開始玩把戲。

(C) 牠會把自己藏起來。　　(D) 牠會喵喵叫。

＊trick〔trɪk〕 *n.* 把戲　　hide〔haɪd〕 *v.* 躲藏
　meow〔mɪ'aʊ〕 *v.* ( 貓 ) 喵喵叫

55. ( **A** ) 布朗家何時會接電話？

(A) 任何時候。　　(B) 白天。

(C) 晚上。　　(D) 在營業時間。

＊anytime〔'ɛnɪ,taɪm〕 *adv.* 在任何時候
　daytime〔'de,taɪm〕 *n.* 白天
　nighttime〔'naɪt,taɪm〕 *n.* 夜間
　*business hours* 營業時間；上班時間

56. ( **C** ) 布朗家將會如何感謝把他們的波絲貓找回來的人？

　　　(A) 他們會寄給他或她一張感謝卡。

　　　(B) 他們會買給他或她一份禮物。

　　　(C) 他們會給他或她錢。

　　　(D) 他們會把「米奇」還給他或她。

　　　*\* **thank-you card** 謝卡　　return〔rɪˋtɝn〕v. 歸還*

（57～60）

---

　　　星期六晚上，克莉絲汀娜替她全都出門的室友，記下了電話留言。這裡有三則她留在室友書桌上的留言。仔細地閱讀這些留言，並回答問題。

> ### 電話留言
>
> 致：<u>佩妮</u>　　　　　　　　留言者：<u>比爾</u>
>
> 電話號碼：<u>5749-8478</u>
>
> 留言：<u>比爾邀請妳去星期天晚上的派對。他下午六點半</u>
> 　　　<u>會來這裡接妳。妳回來後回電給他。</u>

> ### 電話留言
>
> 致：<u>艾瑞絲</u>　　　　　　　　留言者：<u>你的弟弟</u>
>
> 電話號碼：<u>0954282397</u>
>
> 留言：<u>你的叔叔手術後好多了，但他仍然需要休息。他</u>
> 　　　<u>和媽媽在 931 號病房。</u>

# 電話留言

致：茉莉亞　　　　　　　　留言者：妳的經理

電話號碼：25973448

留言：會議地點改在五樓。記得把開會時需要的所有必要
　　　檔案帶來。

## 【註釋】

take〔tek〕*v.* 記下　　message〔'mɛsɪdʒ〕*n.* 訊息
***phone message*** 電話留言　　roommate〔'rum,met〕*n.* 室友
leave〔liv〕*v.* 留下　***with care*** 仔細地（= *carefully*）
invite〔ɪn'vaɪt〕*v.* 邀請　party〔'partɪ〕*n.* 派對
***pick sb. up*** 開車接某人　***call sb. back*** 回電話給某人
surgery〔'sɝdʒərɪ〕*n.* 手術　　need〔nid〕*v.* 需要
rest〔rɛst〕*n.* 休息　manager〔'mænɪdʒɚ〕*n.* 經理
meeting〔'mitɪŋ〕*n.* 會議　change〔tʃendʒ〕*v.* 更改
floor〔flor〕*n.* 樓層　bring〔brɪŋ〕*v.* 帶來
essential〔ə'sɛnʃəl〕*adj.* 必要的　　file〔faɪl〕*n.* 檔案

57. ( **D** ) 從留給佩妮的留言中，我們可以推論出什麼？

　　(A) 比爾是佩妮的丈夫。

　　(B) 派對是在昨天晚上。

　　(C) 留言是佩妮不認識的人寫的。

　　(D) 佩妮不必去比爾的家和他碰面。

　　* infer〔ɪn'fɝ〕*v.* 推論

　　　husband〔'hʌzbənd〕*n.* 丈夫

　　　***go over to*** 去~　　meet〔mit〕*v.* 和~會面

58.（ **A** ） 在第三個留言裡的 "essential" 這個字是什麼意思？

    (A) <u>必須的。</u>        (B) 無用的。

    (C) 糟糕的。        (D) 令人滿意的。

    \* necessary〔'nɛsə,sɛrɪ〕*adj.* 必要的
       useless〔'juslɪs〕*adj.* 無用的
       terrible〔'tɛrəbḷ〕*adj.* 糟糕的；可怕的
       satisfactory〔,sætɪs'fæktrɪ〕*adj.* 令人滿意的

59.（ **B** ） 艾瑞絲的弟弟在哪裏？

    (A) 在世界上的某處。    (B) <u>在醫院。</u>

    (C) 在去辦公室的路上。    (D) 在他表哥的家。

    \* somewhere〔'sʌm,hwɛr〕*adv.* 在某處
       hospital〔'hɑspɪtḷ〕*n.* 醫院
       ***on*** *one's **way to*** 在某人去～的途中
       office〔'ɔfɪs〕*n.* 辦公室
       cousin〔'kʌzṇ〕*n.*（堂）表兄弟姊妹
       place〔ples〕*n.* 住處

60.（ **B** ） 從留給茱莉亞的留言，我們可以得知什麼？

    (A) 她已婚。

    (B) <u>她是一位上班族女性。</u>

    (C) 她是一位家庭主婦。

    (D) 她過著快樂的生活。

    \* learn〔lɜn〕*v.* 知道    married〔'mærɪd〕*adj.* 已婚的
       working〔'wɜkɪŋ〕*adj.* 有工作的
       housekeeper〔'haʊs,kipɚ〕*n.* 管家；家庭主婦
       ***live a*** *~**life*** 過著～生活

# TEST 2 詳解

## 聽力測驗（第 1-20 題，共 20 題）

### 第一部分：辨識句意（第 1-3 題，共 3 題）

1. ( **C** ) (A)  (B)  (C)

Dennis has a conversation with a flight attendant.
丹尼斯在和空服員對談。

* conversation〔͵kɑnvɚ'seʃən〕*n.* 談話　　flight〔flaɪt〕*n.* 班機
  attendant〔ə'tɛndənt〕*n.* 服務員　　***flight attendant*** 空服員

2. ( **A** ) (A)  (B)  (C)

A terrible earthquake hit the city. 劇烈的地震襲擊城市。

* terrible〔'tɛrəbḷ〕*adj.* 劇烈的　　earthquake〔'ɝθ͵kwek〕*n.* 地震
  hit〔hɪt〕*v.* 襲擊

3. ( **A** ) (A)  (B)  (C)

Eason is helping a blind man. 伊森正在幫助一位盲人。

* blind〔blaɪnd〕*adj.* 失明的

## 第二部分：基本問答（第 4-10 題，共 7 題）

4. ( **A** ) How long have you been using the Wi-Fi?

你使用無線網路多久了？

(A) Since three o'clock. 從三點開始。

(B) Almost every day. 幾乎每天。

(C) It starts at five thirty. 五點半開始。

* ***Wi-Fi*** 無線網路（= *wireless fidelity*）

almost〔'ɔl,most〕*adv.* 幾乎　　start〔stɑrt〕*v.* 開始

5. ( **C** ) Oh, I am sorry. I'm afraid we are lost.

噢，我很抱歉。我們恐怕迷路了。

(A) Right. We'll lose a lot of money.

對。我們將會失去很多錢。

(B) I don't know how much we lost.

我不知道我們遺失多少錢。

(C) Don't worry. We can ask the girl there.

別擔心。我們可以問在那邊的女孩。

* afraid〔ə'fred〕*adj.* 害怕的　　***I'm afraid*** … 恐怕…

lose〔luz〕*v.* 失去；遺失

6. ( **B** ) I want you to do me a favor. 我想要你幫我一個忙。

(A) Can I help you? 我可以幫助你嗎？

(B) I'll do anything I can. 我會盡我所能。

(C) How can you do that? 你怎麼可以那樣做？

* favor〔'fevɚ〕*n.* 幫忙；請求

***do*** *sb.* ***a favor*** 幫某人一個忙

7. ( **A** ) What time will you arrive tomorrow? I'll pick you up at the station. 你明天幾點會到？我去車站接你。

(A) That's kind of you, but my brother is going to meet me. 你真是好心，但我弟弟將會和我碰面。

(B) Oh, don't bother. I'll take a taxi to the station. 噢，不用麻煩了。我會搭計程車到車站。

(C) My train departs at 5:00. 我的火車五點出發。

* arrive〔ə'raɪv〕v. 到達；抵達 *pick sb. up* 開車接某人
station〔'steʃən〕n. 車站 bother〔'baðə〕v. 煩擾；傷腦筋
depart〔dɪ'part〕v. 出發

8. ( **C** ) What would you do if you won the lottery? 如果你中了樂透，你想要做什麼？

(A) I wish I can travel the whole world. 我希望我可以環遊全世界。

(B) I will buy my father a new sports car. 我將會買一部新跑車給我父親。

(C) I would take a long vacation. 我會休個長假。(假設語氣用法)

* win〔wɪn〕v. 贏得 lottery〔'latərɪ〕n. 樂透彩券
travel〔'trævl̩〕v. 旅行 whole〔hol〕adj. 全部的
*sports car* 跑車 vacation〔ve'keʃən〕n. 假期

9. ( **A** ) Do you have any hobbies? 你有任何興趣嗎？

(A) I like to collect stamps and sing. 我喜歡集郵和唱歌。

(B) It's a good habit to get up early. 早起是一個很好的習慣。

(C) I work in the coffee shop. 我在咖啡廳裡工作。

* hobby〔'habɪ〕n. 興趣；嗜好 collect〔kə'lɛkt〕v. 收集
habit〔'hæbɪt〕n. 習慣 early〔'ɜlɪ〕adv. 早

10. ( **B** ) I ran across Bill at the night market yesterday.

我昨天在夜市巧遇比爾。

(A) That's terrible. Was anyone hurt?

那太可怕了。有任何人受傷嗎？

(B) How is he doing? 他好嗎？

(C) Did Bill ride a bike? 比爾騎腳踏車嗎？

\* ***run across*** 偶然遇見　　***night market*** 夜市

terrible〔'tɛrəbḷ〕*adj.* 可怕的　　hurt〔hɝt〕*v.* 受傷

ride〔raɪd〕*v.* 騎

## 第三部分：言談理解（第 11-20 題，共 10 題）

11. ( **B** )　M：Where are you going tonight?

男：你今晚要去哪裡？

W：I'm going to meet a new friend.

女：我要去見一位新朋友。

M：Really? How do you know him?

男：真的？你怎麼認識他的？

W：I met him through the Internet. He sounds like a

humorous guy.

女：我和他是藉由網路認識的。他聽起來是個幽默的傢伙。

M：But that's dangerous. You don't know anything

about him.

男：但是那樣很危險。你對他一無所知。

Question：What does the man think?

這位男士認為什麼？

(A) He thinks the woman's new friend is humorous.

他認為這位女士的新朋友很幽默。

(B) He thinks making friends through the Internet is not

a good idea. 他認為在網路上交友並不是一個好主意。

(C) He thinks the woman should meet her new friend and get to know him better.

他認為這位女士應該和她的新朋友碰面，並且更加認識他。

* meet〔mit〕v. 和～見面；和～認識　　know〔no〕v. 認識
Internet〔'ɪntə‚nɛt〕n. 網際網路　　sound〔saund〕v. 聽起來
humorous〔'hjumərəs〕adj. 幽默的　　guy〔gaɪ〕n. 人；傢伙
dangerous〔'dendʒərəs〕adj. 危險的　　think〔θɪŋk〕v. 認為
better〔'bɛtə〕adv. 更加

12. ( **A** )　W : Have you read the book *Twilight*?

女：你有讀過「暮光之城」這本書嗎？

M : Of course, and I have also seen the movie.

男：當然，電影我也看過了。

W : Which one do you like more?

女：你比較喜歡哪一個？

M : Actually, I prefer the movie to the book.

男：事實上，我喜歡電影甚於書。

Question : What does the man mean?

這位男士的意思是什麼？

(A) He thinks the movie is better than the book.

他認為電影比書還要好。

(B) He thinks the book is better than the movie.

他認為書比電影好。

(C) He likes the book and the movie both.

他書和電影都喜歡。

* twilight〔'twaɪ‚laɪt〕n. 微光；黃昏【Twilight 為美國奇幻言情小説
　　及電影名，中文譯為「暮光之城」】
actually〔'æktʃuəlɪ〕adv. 事實上
prefer〔prɪ'fɝ〕v. 比較喜歡 <to>
mean〔min〕v. 意思是…；意謂

13. ( **B** ) M : Does this elevator stop on every floor?

男：這部電梯有停靠每個樓層嗎？

W : No, it stops only on the even ones.  If you want an odd one, go to the even one above it and then walk down.

女：不，它只會停靠偶數樓層。如果你要去奇數樓層，搭到上一層的偶數樓層然後再走下來。

Question : Why won't the elevator stop on the fifth floor?

爲什麼電梯不會停在五樓？

(A) Because five is an even number.  因爲五是偶數。

(B) Because five is an odd number.  <u>因爲五是奇數。</u>

(C) Because you must take the stairs.  因爲你必須走樓梯。

\* elevator〔ˈɛləˌvetɚ〕 *n.* 電梯      even〔ˈivən〕 *adj.* 偶數的
odd〔ɑd〕 *adj.* 奇數的      above〔əˈbʌv〕 *prep.* 在～之上

14. ( **A** ) W : You look upset.  What happened?

女：你看起來很煩悶。發生什麼事了？

M : I got a traffic ticket today.

男：我今天收到一張交通罰單。

W : What for?

女：爲什麼？

M : I was driving too fast.

男：我開太快了。

Question : What kind of ticket did the man get?

這位男士收到的是什麼類型的罰單？

(A) A speeding ticket.  <u>超速罰單。</u>

(B) A parking ticket.  違規停車罰單。

(C) A concert ticket.  演唱會門票。

* upset〔ʌpˈsɛt〕*adj.* 煩亂的　　traffic〔ˈtræfɪk〕*n.* 交通
ticket〔ˈtɪkɪt〕*n.* 票；罰單　　*speeding ticket* 超速罰單
*parking ticket* 違規停車罰單　　concert〔ˈkɑnsɝt〕*n.* 演唱會

15. ( **B** )　W：When do you like to jog?
　　　　女：你喜歡在什麼時候慢跑？
　　　　M：I usually go jogging with my brother in the morning.
　　　　男：我通常和我哥哥在早上慢跑。
　　　　W：Did you go jogging this morning?
　　　　女：你今早有去慢跑嗎？
　　　　M：No, I didn't.　I slept late today.
　　　　男：不，我沒有。我今天睡過頭。
　　　　Question：Why didn't the man go jogging this morning?
　　　　　　　　　為什麼這位男士今天早上沒有去慢跑？
　　　　(A) He was studying last night and was too tired.
　　　　　　他昨晚在念書，太累了。
　　　　(B) He was sleeping this morning.
　　　　　　<u>他今天早上在睡覺。</u>
　　　　(C) He doesn't like to jog in the morning.
　　　　　　他不喜歡在早上慢跑。

　　* jog〔dʒɑg〕*v.* 慢跑　　*sleep late* 睡太晚；睡過頭

16. ( **B** )　W：How did your students do on the history exam?
　　　　女：你的學生們在歷史考試中表現得如何？
　　　　M：Pretty good.　Five out of six passed.
　　　　男：相當好。六個當中有五個及格。
　　　　W：What about the one who didn't?
　　　　女：那位沒通過考試的呢？
　　　　M：He'll have to take the test again.
　　　　男：他必須再考一次試。

Question : How many students passed the history exam?

有多少位學生通過歷史考試？

(A) Fifty-six. 五十六位

(B) Five. <u>五位。</u>

(C) None. They will take the test again.

沒有人。他們將再考一次試。

\* history〔'hɪstrɪ〕*n.* 歷史

exam〔ɪg'zæm〕*n.* 考試（= *examination*）

pretty〔'prɪtɪ〕*adv.* 相當　　pass〔pæs〕*v.* 及格；通過（考試）

17. ( **B** )　W : Can you give me a ride to the supermarket now?

女：你現在可以讓我搭個便車去超市嗎？

M : I'm sorry, the car is in the shop.

男：抱歉，我的車在修理廠。

W : That's all right. I'll take a bus.

女：沒關係。我搭公車。

Question : Why doesn't the man drive the woman to the

supermarket?

為什麼這位男士不載這位女士去超市？

(A) He is going to buy a new car. 他將要買一台新車。

(B) His car is being repaired. <u>他的車正在修理。</u>

(C) He is going to the bus station, not the supermarket.

他要去公車站，而不是超市。

\* *give sb. a ride* 讓某人搭便車

supermarket〔'supɚ,mɑrkɪt〕*n.* 超級市場

shop〔ʃɑp〕*n.* 修理廠　　repair〔rɪ'pɛr〕*v.* 修理

*bus station* 公車站

18. ( **C** )　W : Waiter, what's good here?

女：服務生，這裡有什麼不錯的餐點呢？

M : The steak is very good and so is the fish.

男：牛排很美味，魚也好吃。

W : What comes with that?

女：附餐是什麼？

M : A soup or salad, dessert and drinks.

男：湯或沙拉、甜點和飲料。

W : All right. I'll have the steak, with a soup.

女：好。我要點牛排，附餐是一碗湯。

Question : What does the waiter recommend?

　　　　　服務生推薦什麼？

(A) Salad, dessert and drinks. 沙拉、點心和飲料。

(B) He ordered the steak. 他點了牛排。

(C) The steak or fish. 牛排或魚。

* waiter ('wetə ) *n.* 服務生
  salad ('sæləd ) *n.* 沙拉　　dessert ( dɪ'zɜt ) *n.* 甜點
  drink ( drɪŋk ) *n.* 飲料　　recommend (ˌrɛkə'mɛnd ) *v.* 推薦
  order ('ɔrdə ) *v.* 點（餐）

19. ( **A** ) M : Oh, Geez!

男：噢，我的天啊！

W : What's wrong?

女：怎麼了？

M : My mp3 player isn't working. And I just bought it
　　yesterday.

男：我的 mp3 播放器故障了。我昨天才剛買。

W : You should get your money back.

女：你應該要拿回你的錢。

Question : What does the woman mean?

　　　　　這位女士的意思是什麼？

(A) The man should ask for a refund.

　　這位男士應該要求退錢。

(B) The man should get more money from the bank.

　　這位男士應該從銀行裡多拿一些錢。

(C) The man should not have given his money for the mp3 player.　這位男士當初不應該花錢買 mp3 播放器。

\* wrong〔rɔŋ〕*adj.* 情況不好的　　***mp3 player*** mp3 播放器
work〔wɝk〕*v.*（機器）運作　　***ask for*** 要求
refund〔'riˌfʌnd〕*n.* 退錢

20.（ **C** ）M：Did you take out the garbage?　It's your turn, you know.

　　　　男：妳把垃圾拿出去了嗎？輪到妳了，妳知道的。

　　　　W：I forgot.　And I'm studying right now.

　　　　女：我忘記了。而且我現在正在念書。

　　　　M：I guess you want me to do it for you.

　　　　男：我猜妳想要我幫妳做這件事。

　　　　W：Could you?　I'll do it for you next week.

　　　　女：你可以嗎？下禮拜換我幫你。

　　　　M：All right.　Deal.

　　　　男：好。一言爲定。

　　　　Question：Why will the man take out the garbage?

　　　　　　　　　爲什麼這位男士要把垃圾拿出去？

　　　　(A) It is his turn.　這次輪到他。

　　　　(B) He forgot to do it last week.　他上禮拜忘記做了。

　　　　(C) His sister promised to do it next week.

　　　　　　他的姊姊答應他下禮拜幫他做這件事。。

　　\* garbage〔'gɑrbɪʒ〕*n.* 垃圾　　　turn〔tɝn〕*n.*（輪流的）順序
forget〔fɚ'gɛt〕*v.* 忘記　　　guess〔gɛs〕*v.* 猜想
deal〔dil〕*n.* 成交　　　promise〔'prɑmɪs〕*v.* 答應

# 閱讀測驗（第 21-60 題，共 40 題）

## 第一部分：單題（第 21-35 題，共 15 題）

21. ( **D** ) 在你不太認識別人時，就<u>批評</u>他們是不禮貌的。
    - (A) expect〔ɪkˋspɛkt〕*v.* 預期；期待
    - (B) complete〔kəmˋplit〕*v.* 完成；做完
    - (C) report〔rɪˋport〕*v.* 報告；報導
    - (D) *criticize*〔ˋkrɪtəˏsaɪz〕*v.* 批評
    - * impolite〔ˏɪmpəˋlaɪt〕*adj.* 無禮的　　well〔wɛl〕*adv.* 充分地

22. ( **C** ) 我的祖母因爲肺癌<u>已經過世三年了</u>。

    依句意，for three years 爲一段時間，表過世狀態是從過去持續到現在，需使用現在完成式，故選 (B) *has been dead*。但要注意，不可用 have died，因爲「死亡」是瞬間動作，不能持續。

    * lung〔lʌŋ〕*n.* 肺　　cancer〔ˋkænsə〕*n.* 癌症

23. ( **C** ) 我昨天在百貨公司買牛仔褲<u>花了</u>新台幣兩千八百元。
    - (A) take〔tek〕*v.*（事物）耗費（時間）
    - (B) spend〔spɛnd〕*v.*（人）花（錢；時間）
    - (C) *cost*〔kɔst〕*v.*（事物）花（錢）；值…錢
    - (D) last〔læst〕*v.* 持續
    - * jeans〔dʒinz〕*n. pl.* 牛仔褲
      department〔dɪˋpartmənt〕*n.* 部門
      *department store* 百貨公司

24. ( **C** ) 體育老師時常鼓勵我們從事戶外活動，這有助於<u>發展</u>強健的身心。
    - (A) produce〔prəˋdjus〕*v.* 生產；製造
    - (B) invent〔ɪnˋvɛnt〕*v.* 發明

(C) *develop* 〔 dɪˋvɛləp 〕 *v.* 發展

(D) sweep 〔 swip 〕 *v.* 掃除

* *PE* 體育 ( = *physical education* )

encourage 〔 ɪnˋkɝɪdʒ 〕 *v.* 鼓勵

outdoor 〔ˋaʊt͵dor 〕 *adj.* 戶外的

activity 〔 ækˋtɪvətɪ 〕 *n.* 活動　　strong 〔 strɔŋ 〕 *adj.* 強健的

mind 〔 maɪnd 〕 *n.* 心神；心境

25. ( **B** ) 請<u>準時</u>到校，否則你會被處罰。

(A) at a time　一次　　　　　(B) *on time*　準時

(C) for a long time　長期；長時間

(D) at times　偶爾；有時

* punish 〔ˋpʌnɪʃ 〕 *v.* 處罰

26. ( **D** ) 這些字是<u>如此</u>之小，<u>以致於</u>幾乎看<u>不</u>見。

= 這些字<u>太</u>小了，看<u>不</u>見。

依文法，too～to + V.表「太～而不…」，故選 (D) *too*；*to be*。

* nearly 〔ˋnɪrlɪ 〕 *adv.* 幾乎

invisible 〔 ɪnˋvɪzəbl̩ 〕 *adj.* 看不見的

visible 〔ˋvɪzəbl̩ 〕 *adj.* 看得見的

27. ( **A** ) 不要和你的母親爭論有關最好的方法。你應該要<u>尊重</u>你的父母。

(A) *respect* 〔 rɪˋspɛkt 〕 *v.* 尊敬；尊重

(B) guide 〔 gaɪd 〕 *v.* 引導；指導

(C) include 〔 ɪnˋklud 〕 *v.* 包括

(D) ruin 〔ˋruɪn 〕 *v.* 毀滅；破壞

* argue 〔ˋɑrgju 〕 *v.* 爭論　　method 〔ˋmɛθəd 〕 *n.* 方法

28. ( **D** ) 在古代中國，很少女性有<u>機會</u>學習如何讀書寫字。

(A) responsibility 〔 rɪ͵spɑnsəˋbɪlətɪ 〕 *n.* 責任

(B) influence〔'ɪnfluəns〕*n.* 影響

(C) embarrassment〔ɪm'bærəsmənt〕*n.* 困窘；尷尬

(D) ***opportunity***〔͵ɑpə'tjunətɪ〕*n.* 機會

\* ancient〔'enʃənt〕*adj.* 古代的

29. ( **B** ) 麥克喜歡出國旅行，尤其是當他<u>沒有</u>故事靈感的時候。

　　　(A) run over 輾過　　　　(B) ***run out of*** 用完；耗盡

　　　(C) run after 追求；追捕　　(D) run across 偶然遇見

　　\* abroad〔ə'brɔd〕*adv.* 到國外

　　　especially〔ə'spɛʃəlɪ〕*adv.* 尤其；特別是

　　　idea〔aɪ'diə〕*n.* 想法；靈感

30. ( **C** ) 派翠克長大後<u>成為</u>一位非常負責任的人。

　　　依句意，選 (C) ***to be***，表「結果」。(A) to be was 和 (B) and
　　　be 皆不合文法，(D) in order to 為表「目的」，句意不合。

　　\* grow〔gro〕*v.* 長大 < *up* >

　　　responsible〔rɪ'spɑnsəbl̩〕*adj.* 負責任的

31. ( **A** ) 我姊姊在五月和一位優秀的工程師<u>結婚了</u>。

　　　依文法，***marry sb.***，表「和某人結婚」，故選 (A) ***married***。
　　　另一用法為 ***be/get married to sb.***，故 (B) married to，
　　　(C) was married，和 (D) married with 皆不合。

　　\* excellent〔'ɛksl̩ənt〕*adj.* 優秀的

　　　engineer〔͵ɛndʒə'nɪr〕*n.* 工程師

32. ( **A** ) 我實在是擔心我家人的安全，因為<u>通訊</u>在劇烈的地震後中斷了。

　　　(A) ***communication***〔kə͵mjunə'keʃən〕*n.* 通訊

　　　(B) impression〔ɪm'prɛʃən〕*n.* 印象

　　　(C) sentence〔'sɛntəns〕*n.* 句子

　　　(D) temperature〔'tɛmpərətʃə〕*n.* 溫度

*be worried about* 擔心　　safety〔'seftɪ〕*n.* 安全
　　　　*cut off* 切斷

33. ( **A** ) 當艾琳娜得知自己懷孕時，她是<u>如此</u>高興以致於說不出話來。

　　　　依文法，so～that…表「如此～以致於…」，故選 (A) *so*。

　　　　*know*〔no〕*v.* 得知　　pregnant〔'prɛgnənt〕*adj.* 懷孕的

34. ( **B** ) 路易斯：妳的牛排要幾分熟？

　　　　伊　蓮：<u>請給我五分熟。</u>

　　　　(A) Give me a dozen. 給我一打。

　　　　(B) *Medium, please.* <u>請給我五分熟。</u>

　　　　(C) They are very tasty. 它們非常美味。

　　　　(D) None of your business. 不關你的事。

　　　　*steak*〔stek〕*n.* 牛排　　dozen〔'dʌzn̩〕*n.* 一打
　　　　medium〔'midɪəm〕*adj.*（牛排）五分熟的
　　　　tasty〔'testɪ〕*adj.* 美味的　　business〔'bɪznɪs〕*n.* 事情
　　　　*none of one's business* 不關某人的事；沒有某人的事

35. ( **D** ) 羅伯特：你覺得你的新工作如何呢？

　　　　艾莉絲：<u>相當不錯。</u>

　　　　(A) I saw the want ad in the newspaper.
　　　　　　我在報紙上看到徵人廣告。

　　　　(B) No, I don't. 不，我沒有。

　　　　(C) With some help from a friend.
　　　　　　來自一位朋友的一些幫助。

　　　　(D) *It's pretty good.* <u>相當不錯。</u>

　　　　*find*〔faɪnd〕*v.* 覺得　　job〔dʒab〕*n.* 工作
　　　　ad〔æd〕*n.* 廣告（= *advertisement*）　　*want ad* 徵人廣告
　　　　pretty〔'prɪtɪ〕*adv.* 相當地；頗

第二部分：題組（第 36-60 題，共 25 題）

（36～39）

> 　　你曾經聽過鮭魚嗎？鮭魚的故事很有趣。牠的生命，從一
> 顆在哥倫比亞河<u>產下</u>及孵化的小小的卵開始。牠<u>躲</u>在河中的石
> 　　　　　　36　　　　　　　　　　　　　　　　　37
> 縫間，尋找像小昆蟲之類的食物來吃。之後，當牠無法得到足
> 夠的食物時，牠就必須順流而下，游到太平洋中，並且在那裡
> 住一段很長的時間。當牠長大之後，牠會和其他鮭魚游回牠的
> 家鄉。在牠<u>回家</u>的途中，牠必須跳過很高的瀑布，並且要游得
> 　　　　38
> 很快。最後，牠也許可以安全地回家，或者可能會被大網給抓
> 住。然後牠會<u>被帶到</u>罐頭工廠。之後，牠就會被人們吃掉。
> 　　　　　　39

【註釋】

*hear of* 聽說　　salmon〔ˈsæmən〕*n.* 鮭魚
egg〔ɛg〕*n.* 卵；蛋　　hatch〔hætʃ〕*v.* 孵化
*the Columbia River* 哥倫比亞河【流經美國華盛頓州與俄勒岡州，注入太平洋】
among〔əˈmʌŋ〕*prep.* 在～之間　　stone〔ston〕*n.* 石頭
*look for* 尋找　　*such as* 像是
insect〔ˈɪnsɛkt〕*n.* 昆蟲　　*later on* 後來
*the Pacific Ocean* 太平洋　　period〔ˈpɪrɪəd〕*n.* 期間
grow〔gro〕*v.* 生長　　*on one's way*～ 在某人去～的途中
jump〔dʒʌmp〕*v.* 跳　　waterfall〔ˈwɔtəˌfɔl〕*n.* 瀑布
*at last* 最後（= *finally*）　　*be able to* V 能夠～
return〔rɪˈtɜn〕*v.* 返回　　safely〔ˈseflɪ〕*adv.* 安全地
catch〔kætʃ〕*v.* 抓（三態變化為：catch-caught-caught）
net〔nɛt〕*n.* 網子　　cannery〔ˈkænərɪ〕*n.* 罐頭工廠
afterwards〔ˈæftəwədz〕*adv.* 之後　　*eat up* 吃光

36.( **B** ) 依句意，卵被產下乃被動語態，故選 (B) *laid*。

> lie-lied-lied *v.* 說謊
> lie-lay-lain *v.* 躺；位於
> lay-laid-laid *v.* 下（蛋）；產（卵）；放置

37.( **A** ) 本句是由對等子句簡化而來的分詞構句，原句為：He hides among the stones …, and looks for food … to eat. 又分詞構句可代替第一個對等子句，但須放在主詞前面，改為 *Hiding* among the stones …, he looks for food … to eat.，故選 (B) *hiding*。　hide〔 haɪd 〕*v.* 隱藏

38.( **B** ) 副詞 *home* 前面不加任何介系詞，故選 (B)。
　　 *on one's way home* 在某人回家途中

39.( **C** ) 依句意，牠將會為被帶到罐頭工廠，故選 (C) *will be brought*。

> bring-brought-brought 帶
> buy-bought-bought 買

（40～42）

有一天，當林小姐開車前往洛杉磯時，看到一個想搭便車的人，高舉著一個寫著舊金山的牌子。林小姐不想載搭便車的人，因為她曾經看過一些搭便車的人，對駕駛人做些什麼的可怕報導，但她是一位心地善良的女士，所以她把車停了下來，說：「你走錯路了，這條路不是通往舊金山，這條路是到洛杉磯
　　　　40
的。」「是的，我知道，」這名想搭便車的人上了林小姐的車後，
　　　　　　　　　　　　　　　　　　　41
如此回答。「那就是我要去的地方。我在這裡只等了一分鐘，而且我知道，會有人停下來告訴我，我走錯路了。我高舉上面寫
　　　　　　　　　　　　　　42
著舊金山的牌子，就不必花一個小時的時間等人停下來！」

## 【註釋】

Los Angeles〔lɔs ˈændʒələz〕*n.* 洛杉磯【位於美國加州的城市】
hitchhiker〔ˈhɪtʃˌhaɪkə〕*n.* 搭便車者　　hold〔hold〕*v.* 拿著
sign〔saɪn〕*n.* 告示；牌子　　high〔haɪ〕*adv.* 高地
say〔se〕*v.* 寫著　　San Francisco〔ˌsæn frənˈsɪsko〕*n.* 舊金山【位於美國加州的城市】　　frightening〔ˈfraɪtn̩ɪŋ〕*adj.* 可怕的
story〔ˈstorɪ〕*n.* 報導　　driver〔ˈdraɪvə〕*n.* 駕駛人
kind〔kaɪnd〕*adj.* 仁慈的；好心的　　*go to* 通往　　*hold up* 舉起

40.(**A**) 依句意，「在～的路上」，介系詞用 *on*，故選 (A)。

41.(**B**) 依句意，選 (B) *got into*「進入」。而 (A) get in「進入」，雖符合句意，但時態不合，(C) get away「走開」和 (D) get through「通過」則不合句意。

42.(**D**) *stop to V.* 表「停下來，去～」，故選 (D) *to tell*。

（43～46）

　　今天下午，我的先生和我要買一間新房子，給我婆婆當作生日禮物。我的先生必須要工作，所以我自己和我們的銀行經理約好碰面。可是我有一點緊張，因為我以前從未見過他。我開車進城，而且很幸運的在銀行外面找到一個停車位。當我開始倒車進入這個車位時，另一輛車子開了進去。我很生氣，因為我是第一個找到這個車位的人。毫不猶豫地，我打開車窗，對著那位駕駛人大聲吼叫。但是他沒有注意到我，就走開了。二十五分鐘後，我終於找到了另一個車位。當我一停好車，就儘快跑回銀行。我比約定時間遲到十分鐘。我走到經理的辦公室，敲門之後走進去。令我驚訝的是，這個經理就是佔用了我停車位的同一個人！

## 【註釋】

husband〔'hʌzbənd〕*n.* 丈夫　　mother-in-law *n.* 婆婆；岳母
appointment〔ə'pɔɪntmənt〕*n.* 約定；約會　　bank〔bæŋk〕*n.* 銀行
manager〔'mænɪdʒɚ〕*n.* 經理　　nervous〔'nɝvəs〕*adj.* 緊張的
town〔taʊn〕*n.* 城鎮　　enough〔ɪ'nʌf〕*adv.* 足夠…地
***parking space*** 停車位（*= parking lot*）
outside〔aʊt'saɪd〕*prep.* 在…的外面　　back〔bæk〕*v.* 倒退
irritate〔'ɪrə,tet〕*v.* 激怒　　slight〔slaɪt〕*adj.* 輕微的；些微的
hesitation〔,hɛzə'teʃən〕*n.* 猶豫　　shout〔ʃaʊt〕*v.* 吼叫＜*at*＞
notice〔'notɪs〕*v.* 注意到　　later〔'letɚ〕*adv.* …之後
finally〔'faɪn!ɪ〕*adv.* 終於　　***as soon as*** 一…就～
park〔park〕*v.* 停（車）
***as fast as*** one can 儘快（*= as fast as possible*）
late〔let〕*adj.* 遲到的　　office〔'ɔfɪs〕*n.* 辦公室
knock〔nɑk〕*v.* 敲　　***to*** one's ***surprise*** 令某人驚訝的是
same〔sem〕*adj.* 同樣的；同一的　　take〔tek〕*v.* 佔用

43.（ **A** ）"***irritated***" 這個字的意思是什麼？

    (A) 生氣的。　　　　　　(B) 興奮的。

    (C) 緊張的。　　　　　　(D) 擔心的。

    * excited〔ɪk'saɪtɪd〕*adj.* 興奮的
      worried〔'wɝɪd〕*adj.* 擔心的

44.（ **C** ）關於這位女士，何者為真？

    (A) 她未婚。

    (B) 她比約定時間早到十分鐘。

    (C) 她打算拜訪銀行經理。

    (D) 她擔任銀行行員。

    * married〔'mærɪd〕*adj.* 結婚的　　early〔'ɝlɪ〕*adv.* 早
      plan〔plæn〕*v.* 打算　　visit〔'vɪzɪt〕*v.* 拜訪
      ***work as*** 擔任　　clerk〔klɝk〕*n.* 職員；行員

45. ( **D** ) 這位駕駛人對女士做了什麼？

    (A) 他把停車位還給她。

    (B) 他不禮貌的態度讓她緊張。

    (C) 他對她說對不起，然後走開。

    (D) <u>他佔用了她已經找到的停車位。</u>

46. ( **B** ) 我們可以推論出什麼？

    (A) 銀行外面只有二十個停車位。

    (B) <u>在銀行附近要找停車位很困難。</u>

    (C) 這位女士想要佔用銀行經理的停車位。

    (D) 這位女士想要買一棟新房子，因為在舊房子的附近沒有足夠的停車位。

    * infer〔ɪn'fɝ〕*v.* 推論　　enough〔ɪ'nʌf〕*adj.* 足夠的

( 47~49 )

# 出　售

## 鄭　　郡

| | |
|---|---|
| 1 | 四房住家。屋況很好且舒適。大客廳。近公園。短暫步行即可到市區及學校。184,000 美元。 |
| 2 | 現代六房住家。大客廳。四衛浴。漂亮的大庭院。285,000 美元。 |
| 3 | 二房公寓。近市場和醫院。距市區 45 分鐘。165,000 美元。 |
| 4 | 三房住家。大餐廳。雙衛浴。近公車站。5 分鐘到市中心。205,000 美元。 |

**注意：付現可享有 10%折扣**

## 【註釋】

*for sale* 出售　　county〔ˈkaʊntɪ〕*n.* 郡
bedroom〔ˈbɛd,rum〕*n.* 臥室　　family〔ˈfæməlɪ〕*adj.* 全家共同使用的
comfortable〔ˈkʌmfətəbḷ〕*adj.* 舒適的
walk〔wɔk〕*n.* 步行距離；路程　　modern〔ˈmadən〕*adj.* 現代的
*living room* 客廳　　yard〔jɑrd〕*n.* 院子
apartment〔əˈpɑrtmənt〕*n.* 公寓　　market〔ˈmɑrkɪt〕*n.* 市場
hospital〔ˈhɑspɪtḷ〕*n.* 醫院　　*dining room* 餐廳　　*bus stop* 公車站
downtown〔ˈdaʊn,taʊn〕*n.* 市中心　　attention〔əˈtɛnʃən〕*n.* 注意
discount〔ˈdɪskaʊnt〕*n.* 折扣　　cash〔kæʃ〕*n.* 現金

47. ( **A** ) 王先生和王太太有二個小孩（九歲和十一歲），他們想要離學校
　　　　近，175,000 美元以下的住家。他們要付現金。哪一棟房子最適
　　　　合他們？

　　　　(A) 1 號。　　　　　　　　　(B) 2 號。
　　　　(C) 3 號。　　　　　　　　　(D) 4 號。
　　　　* pay〔pe〕*v.* 支付　　suitable〔ˈsutəbḷ〕*adj.* 適合的

48. ( **D** ) 鍾先生和鍾太太想要買在市中心有大餐廳的大房子。他們最多可
　　　　付現金 200,000 美元。哪一棟房子最適合他們？

　　　　(A) 1 號。　　　　　　　　　(B) 2 號。
　　　　(C) 3 號。　　　　　　　　　(D) 4 號。
　　　　* *up to* 最高；至多

49. ( **A** ) 林小姐很滿意全部的房子。如果她有 200,000 美元，並且想用現
　　　　金買這四棟中的任何一棟，哪一棟她買不起？

　　　　(A) 2 號。　　　　　　　　　(B) 4 號。
　　　　(C) 2 和 4 號。　　　　　　　(D) 她可以買全部的房子。
　　　　* satisfy〔ˈsætɪs,faɪ〕*v.* 使滿意
　　　　　afford〔əˈford〕*v.* 買得起；負擔得起

（50～52）

　　在大多數的城市裡，對行人而言，穿越街道或是在都市四處行走並不容易。一座擁擠的城市裡有很多你得隨時隨地提防的危險。在台北，通常會看到摩托車騎士在人行道上騎車。台北充斥著車輛、腳踏車和人潮。不僅是街道，就連人行道也很危險。為了找停車位或是閃避街道上的車輛，摩托車騎士總是會從你身後呼嘯而過。他們對行人來說可能是嚴重的問題和非常令人頭痛的事。

　　摩托車騎士必須把車停在人行道上。因此，要解決這個問題並不容易。政府已經採取一些行動來減少這類的問題。例如，在人行道上方建造給行人專用的天橋，以及為摩托車停車而設立的單獨區域。目前，最好的解決方法，可能就是，當機車騎士騎上了人行道，就要他們下車。這麼一來，人行道上的每個人就會是相同地位了。

## 【註釋】

pedestrian〔pə'dɛstrɪən〕*n.* 行人　　cross〔krɔs〕*v.* 越過
street〔strit〕*n.* 街道　　***get around*** 在…四處行走
town〔taʊn〕*n.*（對鄉下、郊外而言的）都市
crowded〔'kraʊdɪd〕*adj.* 擁擠的　　***a large number of*** 很多
danger〔'dendʒɚ〕*n.* 危險　　***be aware of*** 知道；察覺到
***all the time*** 一直；總是　　normal〔'nɔrml̩〕*adj.* 正常的；常態的
motorcyclist〔'motɚ,saɪkl̩ɪst〕*n.* 摩托車騎士
sidewalk〔'saɪd,wɔk〕*n.* 人行道　　***be full of*** 充滿了
***not only…but also~*** 不僅…而且~　　***in order to*** 為了
***parking space*** 停車位　　avoid〔ə'vɔɪd〕*v.* 閃避；避開
traffic〔'træfɪk〕*n.* 交通；往來的車輛　　roar〔rɔr〕*v.* 吼叫；呼嘯
up〔ʌp〕*adv.* 向…接近　　serious〔'sɪrɪəs〕*adj.* 嚴重的
problem〔'prɑbləm〕*n.* 問題　　real〔'riəl〕*adj.* 十足的；完全的
headache〔'hɛd,ek〕*n.* 頭痛的事；煩惱的事

solve〔salv〕*v.* 解決　　government〔'gʌvənmənt〕*n.* 政府

***take action*** 採取行動　　reduce〔rɪ'djus〕*v.* 減少

kind〔kaɪnd〕*n.* 種類　　***for example*** 例如（ = *for instance* ）

build〔bɪld〕*v.* 建造；興建　　special〔'spɛʃəl〕*adj.* 專用的

bridge〔brɪdʒ〕*n.* 橋　　separate〔'sɛpərɪt〕*adj.* 單獨的

area〔'ɛrɪə〕*n.* 區域　　***at present*** 目前；現在

solution〔sə'luʃən〕*n.* 解決之道　　***get off*** 下（車）

***in this way*** 這麼一來　　level〔'lɛvl̩〕*n.* 地位；高度

50. ( **D** ) 本文是關於什麼？

　　(A) 在台北停車的經驗。

　　(B) 在台北找車位的困難。

　　(C) 正在發展中的城市的交通狀況。

　　(D) <u>在台北的行人所面臨的問題。</u>

　　* article〔'artɪkl̩〕*n.* 文章　　experience〔ɪk'spɪrɪəns〕*n.* 經驗

　　　difficulty〔'dɪfə,kʌltɪ〕*n.* 困難

　　　situation〔,sɪtʃu'eʃən〕*n.* 狀況

　　　growing〔'groɪŋ〕*adj.* 發展中的　　face〔fes〕*v.* 面對；面臨

51. ( **B** ) 根據本文，作者認為

　　(A) 在台北，人們不應該走在街上。

　　(B) <u>摩托車騎士不應該在人行道上騎車。</u>

　　(C) 每個人最好買一輛車。

　　(D) 摩托車應該要被允許停在人行道上。

　　* author〔'ɔθɚ〕*n.* 作者　　believe〔bə'liv〕*v.* 相信；認為

　　　***had better*** 最好　　allow〔ə'lau〕*v.* 允許

52. ( **C** ) 這個問題最容易的解決之道是什麼？

　　(A) 人們應該要遠離摩托車騎士。

　　(B) 要行人走專用的天橋。

　　(C) <u>要摩托車騎士在人行道上下車。</u>

　　(D) 要人們更小心地開車。

* far〔far〕*adv.* 遠遠地　　***stay away from*** 遠離
  drive〔draɪv〕*v.* 開車　　carefully〔'kɛrfəlɪ〕*adv.* 小心地

( 53~55 )

親愛的爸媽：

　　我們剛吃完午餐。每個人都在餐廳寫信。我們每週都必須要寫信回家，所以，這是我的第一封信。

　　我有四位室友。其中兩個懂得如何使用電腦。他們在布朗先生的班上。我正在學電腦程式設計。這真的很有趣也很有用。

　　我這週必須自己設計一個動態網頁。所有參加營隊的人都要。我想要設計一個關於昆蟲學的網站，尤其是螳螂。

　　我們每天要另外選兩種活動。我通常選擇游泳、划船、滑水，或排球。當我有空時，就會上網並且下載一些音樂。大多數參加營隊的人都是這樣。

　　我喜歡夏令營，但是我不喜歡這裡的食物。非常難吃！我好想念麥當勞！

　　我現在要說「再見」了。大家都要到外面去。三星期後見。

愛你們的，
法蘭克

【註釋】

dear〔dɪr〕*adj.* 親愛的　　dine〔daɪn〕*v.* 用餐
***dining room*** 餐廳　　write〔raɪt〕*v.* 寫信
roommate〔'rum,met〕*n.* 室友　　computer〔kəm'pjutɚ〕*n.* 電腦

programming〔'progræmɪŋ〕*n.* 程式設計

interesting〔'ɪntrɪstɪŋ〕*adj.* 有趣的　　useful〔'jusfəl〕*adj.* 有用的

design〔dɪ'zaɪn〕*v.* 設計　　dynamic〔daɪ'næmɪk〕*adj.* 動態的

webpage〔'wɛb,pedʒ〕*n.* 網頁　　***by oneself*** 獨自;靠自己

camper〔'kæmpɚ〕*n.* 參加營隊者　　website〔'wɛb,saɪt〕*n.* 網站

entomology〔,ɛntə'malədʒɪ〕*n.* 昆蟲學

especially〔ə'spɛʃəlɪ〕*adv.* 尤其;特別是　　***praying mantis*** 螳螂

pick〔pɪk〕*v.* 挑選　　boating〔'botɪŋ〕*n.* 划船

water-skiing〔'wɔtɚ,skiɪŋ〕*n.* 滑水　　volleyball〔'valɪ,bɔl〕*n.* 排球

***free time*** 空閒時間　　surf〔sɝf〕*v.* 上(網)

download〔'daʊn,lod〕*v.* 下載　　***summer camp*** 夏令營

terrible〔'tɛrəbl̩〕*adj.* 可怕的;很糟的　　miss〔mɪs〕*v.* 想念

McDonald's〔mək'danl̩dz〕*n.* 麥當勞【美國連鎖速食餐廳】

53.(**B**)　所有參加營隊的人都必須做什麼?

　　　　(A) 去游泳。　　　　　　(B) 設計網頁。

　　　　(C) 打排球。　　　　　　(D) 下載音樂。

54.(**C**)　這個營隊可能位於 ＿＿＿＿＿＿＿ 。

　　　　(A) 山區。　　　　　　　(B) 森林附近。

　　　　(C) 一座湖附近。　　　　(D) 火車站附近。

　　　　* probably〔'prabəblɪ〕*adv.* 可能　　***be located in*** ~ 位於 ~

　　　　　near〔nɪr〕*prep.* 在…附近　　forest〔'fɔrɪst〕*n.* 森林

　　　　　lake〔lek〕*n.* 湖

55.(**D**)　從這封信我們可以推論

　　　　(A) 所有營隊的人都喜歡游泳、划船和滑水。

　　　　(B) 法蘭克認為營隊裡的食物比速食好吃。

　　　　(C) 沒有任何一個法蘭克的室友會使用電腦。

　　　　(D) 法蘭克喜歡研究昆蟲。

　　　　* ***be fond of*** 喜歡　　study〔'stʌdɪ〕*v.* 研究

（56～60）

看以下的調查，並且回答問題。

---

**謝謝您來新天堂餐廳用餐。如果您能撥冗填寫這份調查，我們會非常感激。您的意見能幫助我們提供更好的服務！**

您以前曾來過新天堂餐廳用餐嗎？

從來沒有

您今天點了什麼？

壽司、生魚片、味噌湯和蘋果汁

您喜歡您點的食物嗎？

不怎麼喜歡，生魚片不新鮮，而且果汁太甜了。

您認為服務生／女服務生的服務如何？

女服務生十分不親切，而且忘記我點的餐。

您有任何其他意見嗎？

我非常失望，所以我再也不會來了。

**感謝您填寫這份調查。請提供我們以下資料，以獲得一張新天堂餐廳免費的雙人晚餐招待券。**

姓名　　阿曼達・瓦特

地址　　紐澤西州，福斯特鎮，大街十號，09547

---

【註釋】

survey〔'sɝve〕n. 調查　　paradise〔'pærə،daɪs〕n. 天堂；樂園
appreciate〔ə'priʃɪ،et〕v. 感激　　take〔tek〕v. 花費（時間）
***fill out*** 填寫　　opinion〔ə'pɪnjən〕n. 意見　　serve〔sɝv〕v. 服務
***have ever been to*** 曾經去過　　order〔'ɔrdə〕v. 點（餐）n. 點的食物
sushi〔'susɪ〕n. 壽司　　sashimi〔sɑ'ʃimi〕n. 生魚片
soup〔sup〕n. 湯　　***miso soup*** 味噌湯　　juice〔dʒus〕n. 果汁

rate〔ret〕*v.* 認為　　waitress〔'wetrɪs〕*n.* 女服務生
unkind〔ʌn'kaɪnd〕*adj.* 不親切的　　comment〔'kamɛnt〕*n.* 評論；意見
disappointed〔͵dɪsə'pɔɪntɪd〕*adj.* 失望的
information〔͵ɪnfɚ'meʃən〕*n.* 資料　　below〔bɪ'lo〕*adv.* 在下方
coupon〔'kupɑn〕*n.* 招待券　　free〔fri〕*adj.* 免費的
New Jersey〔nju'dʒɝzɪ〕*n.* 紐澤西州【位於美國東岸】

56. ( **A** ) 這是阿曼達第 ＿＿＿＿＿＿＿ 次來新天堂餐廳用餐。

　　　　(A) 一　　　　(B) 二　　　　(C) 三　　　　(D) 四

57. ( **D** ) 新天堂餐廳提供哪一類的食物？

　　　　(A) 中國菜。　　　　　　(B) 義大利菜。
　　　　(C) 印度菜。　　　　　　(D) <u>日本料理。</u>

　　　　* offer〔'ɔfɚ〕*v.* 提供　　Italian〔ɪ'tæljən〕*adj.* 義大利的
　　　　Indian〔'ɪndɪən〕*adj.* 印度的
　　　　Japanese〔͵dʒæpə'niz〕*adj.* 日本的

58. ( **D** ) 阿曼達覺得她點的食物怎麼樣？

　　　　(A) 非常好吃。　　(B) 太貴了。　　(C) 還不錯。　　(D) <u>糟透了。</u>

　　　　* ***What do*** sb. ***think of ~ ?*** 某人認為～如何？
　　　　delicious〔dɪ'lɪʃəs〕*adj.* 美味的；好吃的
　　　　expensive〔ɪk'spɛnsɪv〕*adj.* 昂貴的

59. ( **B** ) 從這份調查，我們可以推論

　　　　(A) 亞曼達一定給了女服務生很多小費。
　　　　(B) <u>亞曼達絕對不會再來這家餐廳了。</u>
　　　　(C) 亞曼達將會邀請她的朋友和她一起去。
　　　　(D) 亞曼達認為這家餐廳很高級。

　　　　* tip〔tɪp〕*n.* 小費　　high-class〔'haɪ'klæs〕*adj.* 高級的

60. ( **C** ) 填完這份調查後，阿曼達可以得到什麼？

　　　　(A) 我們無從得知。　　　　(B) 打折的晚餐。
　　　　(C) <u>免費的一餐。</u>　　　　(D) 一張電影票。

　　　　* discounted〔dɪs'kaʊntɪd〕*adj.* 打折的　　meal〔mil〕*n.* 一餐
　　　　***movie ticket*** 電影票

# TEST 3 詳解

## 聽力測驗 ( 第 1-20 題，共 20 題 )

### 第一部分：辨識句意 ( 第 1-3 題，共 3 題 )

1. ( **C** ) (A)  (B) (C)

Jack and Tony are playing with the volleyball.

傑克和東尼正在打排球。

\* volleyball ('valɪ,bɔl ) *n.* 排球

2. ( **B** ) (A) (B) (C)

Jack's sister can play the piano. 傑克的姊姊會彈鋼琴。

\* piano ( pɪ'æno ) *n.* 鋼琴　　***play the piano*** 彈鋼琴

3. ( **A** ) (A) (B) (C)

Mr. Liu is standing between Lucy and Frank.
劉先生正站在露西和法蘭克中間。

## 第二部分：基本問答（第 4-10 題，共 7 題）

4. ( **C** ) Are you interested in playing tennis?
你對打網球有興趣嗎？

   (A) Yes. Tennis really bores me. 是。網球真的使我厭倦。

   (B) Yes, I seldom watch it on TV.
是，我很少在電視上看網球賽。

   (C) No. I am only interested in singing English songs.
<u>不。我只對唱英文歌有興趣。</u>

   * ***be interested in*** 對⋯有興趣    tennis〔ˈtɛnɪs〕*n.* 網球
bore〔bor〕*v.* 使厭煩；使厭倦    seldom〔ˈsɛldəm〕*adv.* 很少

5. ( **A** ) I'm looking for my coat. Have you seen it?
我正在找我的外套。你有看到它嗎？

   (A) Yes. It's on the sofa, isn't it?
<u>有。它在沙發上，不是嗎？</u>

   (B) No, I don't know which one you mean.
沒有，我不知道你指的是哪一件。

   (C) Yes, I looked for it, too. 有，我也在找。

   * ***look for*** 尋找    coat〔kot〕*n.* 外套
sofa〔ˈsofə〕*n.* 沙發    mean〔min〕*v.* 意指

6. ( **B** ) How much is the sandwich? 三明治多少錢？

   (A) It's for Betty. 這是給貝蒂的。

   (B) It's forty dollars. <u>四十元。</u>

   (C) It has much meat in it. 裡面有很多肉。

   * sandwich〔ˈsændwɪtʃ〕*n.* 三明治    meat〔mit〕*n.* 肉

7. ( **A** ) Who is the thinnest in your family? 你的家人誰最瘦？

(A) My brother, Tony, is. 我的弟弟，東尼。

(B) My classmate, Judy, is. 我的同學，茱蒂。

(C) Your sister, Cathy, is. 你的姊姊，凱西。

* thin〔θɪn〕*adj.* 瘦的　　classmate〔'klæs,met〕*n.* 同班同學

8. ( **C** ) How does your father go to his office?
你父親怎麼去辦公室的？

(A) He works fives days a week. 他一星期工作五天。

(B) His office is near the Da Da Department Store.
他的辦公室靠近達達百貨公司。

(C) He usually goes by bus. 他通常搭公車去。

* office〔'ɔfɪs〕*n.* 辦公室　　*department store* 百貨公司
usually〔'juʒʊəlɪ〕*adv.* 通常

9. ( **B** ) When will you leave for Taichung? 你何時要前往台中？

(A) I'll be there by Wednesday. 我星期三會到。

(B) I'll take the train in the morning on August 12.
我會搭八月十二日早上的火車。

(C) I'll go there with my cousins.
我會和我的表哥們一起去。

* *leave for* 動身前往　　by〔baɪ〕*prep.* 到了…時候；在…之前
train〔tren〕*n.* 火車　　cousin〔'kʌzn̩〕*n.* 表（堂）兄弟姊妹

10. ( **B** ) How soon will Helen be back? 海倫還要多久才會回來？

(A) She can finish the work very soon.
她很快就能完成工作。

(B) She didn't tell me, but she usually comes back before
dinner. 她沒告訴我，但是她通常晚餐前會回來。

(C) I think she will be back with two of her classmates.

我認為她會和她的兩位同學一起回來。

* ***How soon ～?*** ～還要多久？　　finish〔ˋfɪnɪʃ〕*v.* 完成

## 第三部分：言談理解（第 11-20 題，共 10 題）

11. ( **B** )　W：How about having this fish for dinner?

女：晚餐吃這條魚如何？

M：Sure.  I can fry it.

男：好啊。我會煎魚。

Question：Where are they talking?

他們在哪裡說話？

(A) In a restaurant.  在餐廳。

(B) In a supermarket.  <u>在超市。</u>

(C) In a theater.  在電影院。

* have〔hæv〕*v.* 吃；喝　　fry〔fraɪ〕*v.* 油煎；油炸
  restaurant〔ˋrɛstərənt〕*n.* 餐廳
  supermarket〔ˋsupɚ͵mɑrkɪt〕*n.* 超級市場
  theater〔ˋθiətɚ〕*n.* 電影院；戲院

12. ( **C** )　W：Is Tina's house far away from here?

女：蒂娜的家離這裡很遠嗎？

M：Not really.  But I don't want to walk there on such a
hot afternoon.

男：不是很遠。但是我不想在這種炎熱的下午走過去那裡。

W：Then let's take a taxi.

女：那我們搭計程車吧。

Question：Why did they want to go to Tina's house by
taxi?  為何他們要搭計程車到蒂娜的家？

(A) Because it was far from where they were.
因爲距離他們所在地太遠。

(B) Because there was no bus station around.
因爲附近沒有公車站。

(C) Because it was too hot. 因爲天氣太熱。

\* *far away from* 離…很遠　　*not really* 並沒有；並不是
*bus station* 公車站　　around〔ə'raʊnd〕*adv.* 在附近

13. (**B**) W : I think there's something wrong with my PC.
女：我覺得我的個人電腦有問題。

M : Don't worry. I'll check it right after the meeting.
男：別擔心。開完會後我會立刻檢查它。

Question : What will the man do after the meeting?
開完會後這位男士將會做什麼？

(A) Get his PC back. 將他的個人電腦拿回來。

(B) Check the woman's PC. 檢查這位女士的個人電腦。

(C) Buy a new PC for the woman.
買一台新的個人電腦給這位女士。

\* wrong〔rɔŋ〕*adj.* 故障的
*PC* 個人電腦（= *personal computer*）
worry〔'wɝi〕*v.* 擔心　　check〔tʃɛk〕*v.* 檢查
right〔raɪt〕*adv.* 立刻；馬上　　meeting〔'mitɪŋ〕*n.* 會議

14. (**C**) M : Why didn't you hand in your math homework?
男：你爲什麼不交你的數學作業呢？

W : I'm sorry, sir. But I left it on the bus. I'm working on it now. I'll hand it in later.
女：我很抱歉，老師。但是我把作業遺留在公車上了。我現在正在做。我待會會交。

M : OK. I hope to get it soon.
男：好的。我希望可以趕快收到。

Question：What is the woman?　這位女士的職業爲何？

(A) A bus driver.　公車司機。

(B) A teacher.　老師。

(C) A student.　學生。

\* **hand in** 繳交　　leave〔liv〕v. 遺留　　**work on** 著手進行
later〔'letə〕adv. 待會　　hope〔hop〕v. 希望

15. ( **B** )　W：May I help you?

女：我能爲您效勞嗎？

M：Yes.　Can I have a look at that coat?

男：好的。我可以看一下那件外套嗎？

W：Sure.　But we only have the M size, and it's 25% off now.

女：當然。但是我們只有 M 號，而且現在打七五折。

M：Oh, what a pity!　It's not my size.　I need a larger size.

男：噢，眞可惜！這不是我的尺寸。我需要再大一點的。

Question：Why didn't the man take the coat?

爲什麼這位男士沒有買那件外套？

(A) Because it's too big.　因爲它太大了。

(B) Because it's too small.　因爲它太小了。

(C) Because it's too expensive.　因爲太貴了。

\* size〔saɪz〕n. 尺寸；…號　　off〔ɔf〕adv. 減價；減掉
**What a pity!** 眞可惜！　　need〔nid〕v. 需要
large〔lɑrdʒ〕adj. 大的
expensive〔ɪk'spɛnsɪv〕adj. 昂貴的

16. ( **C** )　G：Sorry, I can't go to the movies with you tonight.　My parents have gone to a party, so I have to stay home with my younger sister.

女：抱歉，我今晚不能和你去看電影。我父母已經去參加派對了，所以我必須和我的妹妹待在家裡。

B： That's OK.  Maybe next time.

男：沒關係。不然下次好了。

Question： What will the girl do tonight?

　　　　　　　這位女孩今晚要做什麼？

(A) Go to the party.  去參加派對。

(B) Go to the movies.  去看電影。

(C) Stay home with her younger sister.
　　 和她的妹妹待在家裡。

\* ***go to the movies*** 去看電影　　party〔'partɪ〕 *n.* 派對
　　stay〔ste〕 *v.* 停留；待

17. ( **B** ) M： What did you buy at the night market last night?

男：你昨天晚上在夜市買了什麼？

W： Some fruit and a box of candy.  How about you?

女：一些水果和一盒糖果。你呢？

M： A pair of jeans.

男：一條牛仔褲。

Question： What did the man buy at the night market last

　　　　　　　night?  這位男士昨天晚上在夜市買了什麼？

(A) Food.  食物。

(B) Clothes.  衣服。

(C) Drinks.  飲料。

\* ***night market*** 夜市　　fruit〔frut〕 *n.* 水果　　***a box of*** 一盒
　　***a pair of*** 一條；一對　　jeans〔dʒinz〕 *n. pl.* 牛仔褲

18. ( **B** ) G： Why don't you go to Bill's party tomorrow night?

女：你明天晚上為什麼不去比爾的派對？

B： I'm afraid that I'll be busy finishing my math
　　 homework.

男：我恐怕要忙著完成我的數學作業。

Question : Why won't the boy go to Bill's party with the
girl? 為什麼男孩不和女孩一起去比爾的派對？

(A) He doesn't like Bill. 他不喜歡比爾。

(B) He has to do his homework. 他必須做他的作業。

(C) He has a date with someone else. 他和別人有約了。

＊ afraid〔əˈfred〕*adj.* 恐怕…的　　***be busy*** (***in***) ***V-ing*** 忙於…
math〔mæθ〕*n.* 數學　　date〔det〕*n.* 約會

19. ( **C** ) W : Susan didn't come to the office today.

女：蘇珊今天沒進來辦公室。

M : Why? Did you call her?

男：為什麼？你打給她了嗎？

W : Yes, before noon. Her mother said she was sent to
the hospital last night.

女：有，中午前打了。她媽媽說她昨天晚上被送到醫院。

M : Oh, she must be very sick. Let's go see her, then.

男：噢，她一定病得很嚴重。那我們去看她吧。

Question : What will the man and the woman do after the
conversation?

對話結束後，男士和女士將要做什麼？

(A) Go to the woman's office. 去這位女士的辦公室。

(B) Go to Susan's home. 去蘇珊的家。

(C) Go to the hospital. 去醫院。

＊ call〔kɔl〕*v.* 打電話給　　noon〔nun〕*n.* 中午
send〔sɛnd〕*v.* 送　　hospital〔ˈhɑspɪtl̩〕*n.* 醫院
must〔mʌst〕*aux.* 一定　　sick〔sɪk〕*adj.* 生病的
***Let's go see her.*** 我們去看她吧。( = *Let's go and see her.* )
conversation〔ˌkɑnvəˈseʃən〕*n.* 對話

20. ( **C** ) Macy is cooking in the kitchen.  Debby is watching TV in the living room.  Bruce is studying in his room and Judy is doing exercise in the yard.

梅西正在廚房裡煮飯。黛比正在客廳裡看電視。布魯斯正在他的房間裡唸書,而茱蒂正在院子裡做運動。

Question : Who is studying?  誰正在唸書?

(A) Debby. 黛比。　　　　(B) Judy. 茱蒂。

(C) Bruce. 布魯斯。

* cook〔kʊk〕v. 烹飪;煮　　kitchen〔'kɪtʃɪn〕n. 廚房
  **living room** 客廳　　exercise〔'ɛksə,saɪz〕n. 運動
  **do exercise** 做運動　　yard〔jɑrd〕n. 院子

## 閱讀測驗 ( 第 21-60 題,共 40 題 )

第一部分:單題 ( 第 21-35 題,共 15 題 )

21. ( **B** ) 彼得是一位<u>成功的</u>商人。他在市區裡有六間店面,而且每年賺很多錢。

(A) stupid〔'stupɪd〕adj. 愚蠢的

(B) **successful**〔sək'sɛsfəl〕adj. 成功的

(C) dangerous〔'dendʒərəs〕adj. 危險的

(D) polite〔pə'laɪt〕adj. 有禮貌的

* businessman〔'bɪznɪs,mæn〕n. 商人　　own〔on〕v. 擁有
  store〔stor〕n. 商店　　city〔'sɪtɪ〕n. 城市

22. ( **D** ) 蒂娜很努力學習英文,因為她喜歡<u>出國</u>旅遊,而英文可以幫助她很多。

(A) carefully〔'kɛrfəlɪ〕adv. 小心地

(B) fast〔fæst〕adv. 快地

(C) soundly〔'saʊndlɪ〕adv. 健全地

(D) **abroad**〔ə'brɔd〕adv. 到國外

* travel〔'trævl̩〕v. 旅行

23. ( **C** ) 凱文和萊恩是好朋友，<u>雖然</u>他們有不同的嗜好──凱文喜歡打棒球，而萊恩喜歡打排球。

    (A) since〔sɪns〕*conj.* 自從；因為

    (B) because〔bɪˈkɔz〕*conj.* 因為

    (C) ***although***〔ɔlˈðo〕*conj.* 雖然

    (D) for〔fɔr〕*prep.* 為了

    \* different〔ˈdɪfrənt〕*adj.* 不同的    hobby〔ˈhabɪ〕*n.* 嗜好
    baseball〔ˈbesˌbɔl〕*n.* 棒球    volleyball〔ˈvɑlɪˌbɔl〕*n.* 排球

24. ( **D** ) 我喜歡我的數學老師，而且我在數學課學得很好，因為張老師總是舉很多的<u>例子</u>來讓我們了解得更透徹。

    (A) grade〔gred〕*n.* 成績

    (B) experience〔ɪkˈspɪrɪəns〕*n.* 經驗

    (C) excuse〔ɪkˈskjus〕*n.* 藉口

    (D) ***example***〔ɪgˈzæmpḷ〕*n.* 例子

    \* understand〔ˌʌndəˈstænd〕*v.* 了解
    better〔ˈbɛtə〕*adv.* 更充分地

25. ( **A** ) 用<u>銳利的</u>刀來切肉是一件很容易的事。

    (A) ***sharp***〔ʃɑrp〕*adj.* 銳利的

    (B) cheap〔tʃip〕*adj.* 便宜的

    (C) different〔ˈdɪfrənt〕*adj.* 不同的

    (D) foreign〔ˈfɔrɪn〕*adj.* 外國的

    \* cut〔kʌt〕*v.* 切；割    meat〔mit〕*n.* 肉
    knife〔naɪf〕*n.* 刀子

26. ( **A** ) 這件洋裝是這間店裡最便宜的一件。其餘的售價都比它還要高。

    (A) ***more***〔mor〕*adv.* 更多    (B) most〔most〕*adv.* 最多

    (C) less〔lɛs〕*adv.* 較少    (D) least〔list〕*adv.* 最少

    \* dress〔drɛs〕*n.* 洋裝    cost〔kɔst〕*v.* 值…價錢

27. ( **C** ) 珊蒂花了太多時間<u>上網</u>，所以她上週的考試並沒有考好。

    「send＋時間＋（in）＋V-ing 早、午、晚」表「花時間

做～」，故選 (C) **surfing**。

surf〔sɜf〕v. 上（網）　**surf the Net** 上網

* spend〔spɛnd〕v. 花費（時間）

examination〔ɪg͵zæmə'neʃən〕n. 考試

28. ( **C** ) 喝之前要充分搖一搖。糖在最<u>底層</u>。

(A) bottle〔'batḷ〕n. 瓶子　　(B) butter〔'bʌtɚ〕n. 奶油

(C) **bottom**〔'batəm〕n. 底部

(D) button〔'bʌtn̩〕n. 鈕扣；按鈕

* shake〔ʃek〕v. 搖　　well〔wɛl〕adv. 充分地

sugar〔'ʃʊgɚ〕n. 糖

29. ( **C** ) 大衛在車禍中失去<u>視力</u>，所以他現在失明了。

(A) voice〔vɔɪs〕n. 聲音　　(B) smile〔smaɪl〕n. 微笑

(C) **sight**〔saɪt〕n. 視力；視覺

(D) idea〔aɪ'diə〕n. 主意；想法

* lose〔luz〕v. 失去　　accident〔'æksədənt〕n. 意外

blind〔blaɪnd〕adj. 失明的

30. ( **C** ) 佛瑞德的哥哥是全校最高的男生。其他全部的男生都<u>不比他高</u>。

依句意，比較級之劣勢比較，無論修飾語長短，一律用 *less* +

*adj. / adv.*，故選 (C) *less tall*。

31. ( **A** ) 我們必須繳交數學習作和英文習作。迪克<u>還沒有完成</u>它們，

但我完成了。

依句意，可知第一人稱我已經完成習作，而第三人稱迪克尚

未完成習作，故選 (D) *hasn't finished*。

* exercise〔'ɛksɚ͵saɪz〕n. 練習題；習作

32. ( **C** ) 莎拉：你的數學課上得如何？

吉姆：數學課總是<u>令我覺得很無聊</u>。

依句意爲現在式，且「使我感到無聊」，應選 (C) *makes me*
*bored*。

* bored〔bord〕adj. 感到無聊的

33. ( **A** ) 莫妮卡：史蒂夫剛剛搬到新的公寓。

　　　　吉　姆：你知道<u>在哪裡</u>嗎？

Wh- 疑問詞引導名詞子句做動詞的受詞時，主詞和動詞不可倒裝，故選 (A) *where it is*。(D) 須改成 which department he lives *in* 才能選。

　* move〔muv〕*v.* 搬家　　apartment〔ə'partmənt〕*n.* 公寓

34. ( **B** ) 當開始下雨時，喬治<u>動身前往</u>車站，所以他全身都淋溼了。

依句意為過去式，故選 (D) *left*。

*leave for* 動身前往

　* station〔'steʃən〕*n.* 車站　　begin〔bɪ'gɪn〕*v.* 開始
　　rain〔ren〕*v.* 下雨

35. ( **C** ) 這個房間裡很<u>安靜</u>。你甚至可以聽見針掉落在地板上的聲音。

　　(A) strange〔strendʒ〕*adj.* 奇怪的

　　(B) different〔'dɪfrənt〕*adj.* 不同的

　　(C) *quiet*〔'kwaɪət〕*adj.* 安靜的

　　(D) special〔'spɛʃəl〕*adj.* 特別的

　* hear〔hɪr〕*v.* 聽見　　pin〔pɪn〕*n.* 大頭針；別針
　　drop〔drɑp〕*v.* 掉落　　floor〔flor〕*n.* 地板

## 第二部分：題組（第 36-60 題，共 25 題）

（36～38）

---

　　大明國中的學生馬汀，是在他學校的一位志工。每天早上，他都很早就到校而且回收垃圾。

　　去年，垃圾堆裡都是紙類和瓶子。沒有學生想要靠近那裡，因為<u>聞起來很難聞</u>。馬汀看到這個情形，並且想出一個好主意。
　　　　　36

　　有一天，他去找校長，並且詢問他是否可以<u>回收垃圾</u>，然後
　　　　　　　　　　　　　　　　　　　　　　　　　37
用回收垃圾的錢來付校內窮困學生的午餐費。校長說好，從那時

候開始，馬汀在上課前，以及下午放學後，就進行垃圾回收。兩個月之後，垃圾堆不見了，而他有了一些錢。

現在，馬汀的同學也幫忙他做這個工作。在上課前後一起合作處理垃圾堆，帶給他們極大的快樂。

馬汀的老師和同學<u>以他為榮</u>，因為他讓他們的學校成為一個
38
學習和玩樂更好的地方。

## 【註釋】

volunteer 〔ˌvɑlənˈtɪr〕 *n.* 志工；義工　　recycle 〔 riˈsaɪkḷ 〕 *v.* 回收
trash 〔 træʃ 〕 *n.* 垃圾　　pile 〔 paɪl 〕 *n.* 堆
***come up with*** 想出 ( = *think of* )　　principal 〔ˈprɪnsəpḷ〕 *n.* 校長
ask 〔 æsk 〕 *v.* 詢問　　***pay for*** 支付…的費用
poor 〔 pur 〕 *adj.* 貧窮的　　***from then on*** 從那時候起
***work on*** 致力於　　***after school*** 放學後
later 〔ˈletɚ〕 *adv.* …之後　　gone 〔 gɔn 〕 *adj.* 消失的；不見的
together 〔 təˈgɛðɚ 〕 *adv.* 一起　　joy 〔 dʒɔɪ 〕 *n.* 快樂

36. ( **A** ) 依句意，選 (A) ***it smelled bad*** 「聞起來很難聞」。而 (B) there were vegetables on it「在它上面有蔬菜」，(C) Mr. Lin was there「林先生在那裡」，(D) they were busy at school「他們在學校很忙」，皆不合句意。

37. ( **D** ) 依句意，選 (D) ***recycle the trash*** 「回收垃圾」。而 (A) dig a pond「挖一個池塘」，(B) cut down the trees「砍伐樹木」，(C) build a house「蓋一棟房子」，皆不合句意。

38. ( **C** ) 依句意，選 (C) ***be proud of*** 「以～為榮」。而 (A) be afraid of「害怕」，(C) be wrong about「出錯；搞錯」，(D) be worried about「擔心」，皆不合句意。

（39～42）

愛麗絲‧瓊斯是<u>已經住在</u>加拿大的一個小村莊，超過二十
　　　　　　　　　　39
年的一位老太太，她上週有個可怕的經驗。

上個星期一，當她<u>正在</u>照顧乳牛的時候，有隻大野狼出現
　　　　　　　　　　40
在她的農場。大野狼看到愛麗絲，但是牠沒有逃跑，而是開始
攻擊她的一隻乳牛。當愛麗絲看到這個情況，她一點也不害怕。
她跑向她的乳牛，然後試圖用手毆打大野狼以拯救乳牛。過了
一會兒，大野狼放開乳牛，但是牠開始攻擊愛麗絲。

大野狼張大著嘴，突然<u>撲</u>向老太太。在大野狼攻擊時，愛
　　　　　　　　　　　　41
麗絲試著用她的手和腿來與大野狼搏鬥。幾分鐘後，愛麗絲開
始感到無力。接著大野狼咬住她的左手。愛麗絲覺得她<u>即將死</u>
　　　　　　　　　　　　　　　　　　　　　　　　　42
<u>去</u>。幸好，在她的附近碰巧有一把斧頭。她拿起斧頭，朝大野
狼的頭奮力一擊，救了自己免於大野狼的危害。愛麗絲被她農
場的工人帶去醫院，而現在她已經好多了。

【註釋】

village〔'vɪlɪdʒ〕*n.* 村莊　　Canada〔'kænədə〕*n.* 加拿大
terrible〔'tɛrəbḷ〕*adj.* 可怕的　　experience〔ɪk'spɪrɪəns〕*n.* 經驗
cow〔kaʊ〕*n.* 乳牛　　wolf〔wʊlf〕*n.* 狼
appear〔ə'pɪr〕*v.* 出現　　farm〔fɑrm〕*n.* 農場
***run away*** 逃跑　　instead〔ɪn'stɛd〕*adv.* 取而代之；反之
attack〔ə'tæk〕*v. n.* 攻擊　　***not…at all*** 一點也不…
try〔traɪ〕*v.* 試圖　　save〔sev〕*v.* 拯救
hit〔hɪt〕*v.* 打　　***a while*** 一會兒　　***let go of*** 放開
open〔'opən〕*adj.* 張開的　　fight〔faɪt〕*v.* 打架；搏鬥
leg〔lɛg〕*n.* 腿　　***a few*** 幾個　　weak〔wik〕*adj.* 虛弱的；無力的
bite〔baɪt〕*v.* 咬　　left〔lɛft〕*adj.* 左邊的
luckily〔'lʌkɪlɪ〕*adv.* 幸好　　***happen to*** *V.* 碰巧

axe〔æks〕*n.* 斧頭　　near〔nɪr〕*prep.* 在…附近
hard〔hɑrd〕*adv.* 用力地　　***save~from*** … 拯救~免於…的危害
worker〔'wɝkɚ〕*n.* 工人　　better〔'bɛtɚ〕*adj.* ( 身體狀況 ) 好轉的

39. (**C**)　表示「已經居住」，用現在完成式，故選 (C) ***has lived***。

40. (**B**)　表示過去正在進行的動作，須用過去進行式，故選 (B) ***was taking***。
***take care of*** 照顧

41. (**B**)　表示過去的動作，須用過去式，選 (B) ***jumped***。
***jump up on*** 突然撲向

42. (**C**)　依句意，選 (C) ***was going to die***「即將死去」。

( 43~44 )

> 　　我們總是能夠在像是百貨公司和餐廳的許多公共場所聽到某些音樂。在倫敦，地鐵站放古典音樂，而且研究人員發現，古典音樂能使車站更爲安全。搶劫和扒竊已經減少。爲什麼呢？有些人說古典音樂能夠影響搶匪和扒手，並且阻止他們做壞事，但是有些人說古典音樂刺耳的聲音讓年輕人感到不舒服，所以他們不喜歡在車站那裡。

【註釋】

public〔'pʌblɪk〕*adj.* 公共的　　place〔ples〕*n.* 場所
London〔'lʌndən〕*n.* 倫敦　　classical〔'klæsɪkḷ〕*adj.* 古典的
subway〔'sʌb͵we〕*n.* 地下鐵　　station〔'steʃən〕*n.* 車站
researcher〔rɪ's ɝtʃɚ〕*n.* 研究人員　　find〔faɪnd〕*v.* 發現
safe〔sef〕*adj.* 安全的　　robbery〔'rɑbərɪ〕*n.* 搶劫
pickpocketing〔'pɪk͵pɑkɪtɪŋ〕*n.* 扒竊
decrease〔dɪ'kris〕*v.* 減少　　influence〔'ɪnfluəns〕*v.* 影響
robber〔'rɑbɚ〕*n.* 搶匪　　pickpocket〔'pɪk͵pɑkɪt〕*n.* 扒手
***keep sb. from V-ing*** 阻止某人做…　　sharp〔ʃɑrp〕*adj.* 刺耳的
uncomfortable〔ʌn'kʌmfɚtəbḷ〕*adj.* 不舒服的

43.( **B** ) 這篇文章主要是關於什麼？

　　　(A) 聽古典音樂的優點。

　　　(B) <u>為什麼古典音樂能夠讓倫敦的地鐵站更安全。</u>

　　　(C) 什麼音樂對百貨公司的生意有好處。

　　　(D) 什麼音樂對餐廳的生意有好處。

　　　* reading〔ˋridɪŋ〕*n.* 文章　　mainly〔ˋmenlɪ〕*adv.* 主要地

　　　　advantage〔ədˋvæntɪdʒ〕*n.* 優點

　　　　***be good for*** 對⋯有好處　　business〔ˋbɪznɪs〕*n.* 生意

44.( **A** ) 在這篇文章中，哪一個沒有被提到？

　　　(A) <u>什麼樣的音樂對年輕人最好。</u>

　　　(B) 我們能夠在什麼公共場所聽到古典樂。

　　　(C) 為什麼古典樂可以讓車站更為安全的理由。

　　　(D) 我們能夠在倫敦的地鐵站聽到什麼樣的音樂。

　　　* mention〔ˋmɛnʃən〕*v.* 提到　　reason〔ˋrizn̩〕*n.* 理由

（45～48）

　　　珍妮特・謝住在德州，並且在只有十二歲的時候，就學會說西班牙語。她學習並且知道如何說五種不同的語言。她小提琴也拉得非常好。珍妮特決定在 2005 年回到台灣，因為這是她的家鄉。

　　　當珍妮特開始主持台灣的一個電視旅遊節目時，她變得很有名。她也出現在一部電影裡。珍妮特年收入將近一千萬新台幣。

　　　她的家人想要她停止工作然後結婚。珍妮特說：「如果我遇到對的人，我會結婚。但是，目前「白馬王子」還不在我的生活中。」

【註釋】

*Janet H*. 珍妮特・謝【台裔美籍藝人，本名謝怡芬】
Texas〔'tɛksəs〕*n*. 德州【美國南方的一個州，鄰墨西哥】
Spanish〔'spænɪʃ〕*n*. 西班牙語　　violin〔ˌvaɪə'lɪn〕*n*. 小提琴
decide〔dɪ'saɪd〕*v*. 決定　　homeland〔'hom,lænd〕*n*. 家鄉
famous〔'feməs〕*adj*. 有名的　　host〔host〕*v*. 主持
*travel show* 旅遊節目　　appear〔ə'pɪr〕*v*. 出現
make〔mek〕*v*. 賺（錢）　　million〔'mɪljən〕*n*. 百萬
meet〔mit〕*v*. 遇見　　right〔raɪt〕*adj*. 適當的
*get married* 結婚　　*at this moment* 目前
*Mr. Right* 白馬王子；如意郎君　　*not…yet* 尚未

45. ( **D** ) 珍妮特年收入多少錢？

　　(A) 大約新台幣一千元。　　(B) 大約新台幣十萬元。
　　(C) 大約新台幣一百萬元。　　(D) <u>大約新台幣一千萬元。</u>

46. ( **A** ) 如果珍妮特決定在她二十五歲時回來台灣，珍妮特最有可能是
　　在哪一年出生？

　　(A) <u>1980 年。</u>　　(B) 1982 年。
　　(C) 1984 年。　　(D) 1986 年。

　　* likely〔'laɪklɪ〕*adv*. 很可能　　born〔bɔrn〕*adj*. 出生的

47. ( **B** ) <u>Mr. Right</u> 是什麼意思？

　　(A) 珍妮特不喜歡的男士。
　　(B) <u>珍妮特想要和他結婚的男士。</u>
　　(C) 珍妮特在網路上認識的男士。
　　(D) 和珍妮特一起出現在電影裡的男士。

　　* marry〔'mɛrɪ〕*v*. 和～結婚；娶；嫁
　　　meet〔mit〕*v*. 認識　　Internet〔'ɪntɚ,nɛt〕*n*. 網際網路

48. ( **D** ) 根據這篇文章，何者為真？

　　(A) 珍妮特一生都住在台灣。
　　(B) 珍妮特在台灣求學。

(C) 珍妮特在美國主持一個旅遊節目。

(D) <u>珍妮特會說五種不同的語言。</u>

\* *according to* 根據

（49～51）

> 　　布魯克是潔西卡的寵物。牠不是一隻狗，一隻貓或是一隻兔子，而是一隻鼬鼠。潔西卡給牠取名為布魯克，是因為她是在很冷的一天，在她家附近的溪流旁發現了牠。她帶牠回家，因為牠的前腿受傷了。潔西卡照顧牠差不多一週。當布魯克康復時，她決定讓牠走，但牠不願離去，而且在她的腳邊轉了好多圈。潔西卡和她媽媽決定讓牠留在她們的院子。布魯克是一隻可愛的小動物。牠修長而且苗條，有著短腿。牠每天早上會出去為自己找一些食物，然後大約中午的時候回來。每天下午，牠會和潔西卡在院子裡玩。潔西卡的媽媽喜歡這個寵物，因為她不需要事後清掃乾淨。

【註釋】

pet〔pɛt〕*n.* 寵物　　rabbit〔ˋræbɪt〕*n.* 兔子
weasel〔ˋwizḷ〕*n.* 鼬鼠　　name〔nem〕*v.* 命名
beside〔bɪˋsaɪd〕*prep.* 在…旁邊　　brook〔brʊk〕*n.* 溪流；小河
front〔frʌnt〕*adj.* 前面的　　hurt〔hɝt〕*adj.* 受傷的
*take care of* 照顧　　*get well* 康復
decide〔dɪˋsaɪd〕*v.* 決定　　*turn around* 繞著…轉圈
yard〔jɑrd〕*n.* 院子　　cute〔kjut〕*adj.* 可愛的
animal〔ˋænəml〕*n.* 動物　　slender〔ˋslɛndɚ〕*adj.* 苗條的
around〔əˋraʊnd〕*prep.* 大約　　noon〔nun〕*n.* 中午
*clean up* 清掃乾淨　　*clean up after～* 打掃～弄髒的地方

49. ( **B** ) 這篇文章最好的標題是什麼？

　　(A) 如何養鼬鼠當寵物

　　(B) <u>潔西卡的一位非常特別的朋友</u>

　　(C) 如何照顧你的寵物

　　(D) 爲什麼潔西卡想要一隻寵物

　　* title〔'taɪtḷ〕*n.* 標題　　keep〔kip〕*v.* 飼養
　　special〔'spɛʃəl〕*adj.* 特別的

50. ( **A** ) 鼬鼠看起來像什麼？

　　(A)　　　　　　　　　　　　　　　　(B)

　　(C)　　　　　　　　　　　　　　　　(D)

51. ( **D** ) 關於布魯克，何者爲非？

　　(A) 牠被潔西卡拯救。　　　　　(B) 牠住在潔西卡的院子。

　　(C) 牠受潔西卡的媽媽喜愛。　　(D) <u>牠被潔西卡一天餵兩次。</u>

　　* feed〔fid〕*v.* 餵食　　twice〔twaɪs〕*adv.* 兩次

( 52～53 )

---

艾倫正在和他的同學凱西說話。

艾倫：妳在生我的氣嗎，凱西？

凱西：爲什麼這麼問？

艾倫： 我不知道，但是我認爲妳在生我的氣。妳在這次的演講比賽沒有得到第一名，讓妳失望了嗎？

凱西： 我不明白爲什麼他們認爲你的演講比我的還要好。我的演講比你的演講長，而且我花了比你更多的時間練習，對吧？

艾倫： 對，我知道。妳上次表現得比任何其他的學生都還要好。妳的聲音好極了。妳何不去問評審關於評分的事？

凱西： 嗯，我會考慮。感謝你如此好心，艾倫。

艾倫： 不客氣。

【註釋】

angry〔'æŋgrɪ〕*adj.* 生氣的
disappoint〔͵dɪsə'pɔɪnt〕*v.* 使失望
place〔ples〕*n.* 名次　　***first place*** 第一名
speech〔spitʃ〕*n.* 演講　　contest〔'kɑntɛst〕*n.* 比賽
practice〔'præktɪs〕*v.* 練習　　voice〔vɔɪs〕*n.* 聲音
great〔gret〕*adj.* 很棒的　　judge〔dʒʌdʒ〕*n.* 評審
score〔skor〕*v.* 評分；給分　　kind〔kaɪnd〕*adj.* 親切的；好心的
***No problem.*** 不客氣。

52. (**A**) 對話裡的 <u>disappoint</u> 是什麼意思？

(A) <u>讓某人感到不愉快。</u>　　(B) 對某人親切。

(C) 對某人而言是方便的。　　(D) 讓某人變得興奮。

\* dialogue〔'daɪə͵lɔg〕*n.* 對話
convenient〔kən'vinjənt〕*adj.* 方便的
excited〔ɪk'saɪtɪd〕*adj.* 興奮的

53. (**B**) 我們可以從這段對話得知什麼？

    (A) 凱西不在乎自己是否在演講比賽中得到第一名。

    (B) <u>艾倫在演講比賽的成績比凱西還要好。</u>

    (C) 艾倫認為凱西應該要忘掉成績。

    (D) 凱西沒有為演講比賽做準備。

    \* learn〔lɜn〕v. 得知　　care〔kɛr〕v. 在乎
      if〔ɪf〕conj. 是否　　grade〔gred〕n. 成績
      prepare〔prɪˈpɛr〕v. 準備　　***prepare for*** 為…做準備

**( 54～57 )**

> 　　以下是關於去年發生在我身上的鬼故事。在去年寒假的時候，我和我的雙胞胎弟弟去宜蘭拜訪叔叔。我叔叔的家在鄉下。他家隔壁是一個沒有人住的老房子。有一天晚上，我表弟建議我們三個男孩一起進去那個老房子，並且四處看看。當天天氣很冷，而且多霧，所以我們不能看得很清楚。突然間，有個奇怪的聲音嚇到我們，然後我們不知所措，就試圖跑離那個可怕的地方！正當我們想要離開那房子的時候，門關了起來。我弟弟尖叫說：「鬼！」然後我就看到了——一個穿著白色衣服的長髮女孩。我們開始跑向門。我奮力一推之後，門打開了。<u>我們全部的人</u>就不停地跑回家。我們告訴叔叔<u>這件事</u>，但是他只是笑一笑。他說我們想像有鬼。但是我知道我看到了什麼，我的弟弟和表弟也是如此。

【註釋】

  ***the following*** 以下　　ghost〔gost〕n. 鬼
  happen〔ˈhæpən〕v. 發生　　last〔læst〕adj. 上一個的
  ***winter vacation*** 寒假　　visit〔ˈvɪzɪt〕v. 拜訪

twin〔twɪn〕*adj.* 雙胞胎的　　country〔'kʌntrɪ〕*n.* 鄉下
***next to*** 在…旁邊　　suggest〔səg'dʒɛst〕*v.* 建議
***look around*** 到處看看　　together〔tə'gɛðɚ〕*adv.* 一起
fog〔fɑg〕*n.* 霧　　clearly〔'klɪrlɪ〕*adv.* 清楚地
suddenly〔'sʌdn̩lɪ〕*adv.* 突然地　　frighten〔'fraɪtn̩〕*adj.* 使驚嚇
***away from*** 遠離　　terrible〔'tɛrəbl̩〕*adj.* 可怕的
scream〔skrim〕*v.* 尖叫　　long-haired〔lɔŋhɛrd〕*adj.* 長髮的
dress〔drɛs〕*v.* 使穿（…的）衣服
***dressed in white*** 穿白色的衣服　　push〔puʃ〕*v.* 推
hard〔hɑrd〕*adv.* 用力地　　imagine〔ɪ'mædʒɪn〕*v.* 想像

54.（**A**）All of us 意思是有幾個人？

　　　　(A) 三個。　　　　　　　(B) 四個。

　　　　(C) 五個。　　　　　　　(D) 五個以上。

55.（**B**）他們聽到奇怪的聲音之後，誰先說了些什麼？

　　　　(A) 作者。　　　　　　　(B) 作者的弟弟。

　　　　(C) 作者的表弟。　　　　(D) 作者的叔叔。

56.（**D**）this 是什麼意思？

　　　　(A) 他們的計畫。　　　　(B) 房子。

　　　　(C) 門。　　　　　　　　(D) 這個可怕的經驗。

　　　　* terrible〔'tɛrəbl̩〕*adj.* 可怕的

57.（**D**）何者為眞？

　　　　(A) 當他們聽到奇怪的聲音，三個人全都尖叫。

　　　　(B) 作者太害怕所以他去關門。

　　　　(C) 聽到這個故事時，作者的表弟笑了。

　　　　(D) 三個男孩全都相信他們看到鬼。

　　　　* ***so…that～*** 如此…以致於～；太…所以～

　　　　　afraid〔ə'fred〕*adj.* 害怕的　　believe〔bə'liv〕*v.* 相信

( 58~60 )

## 台灣旅客造訪美國變得更加容易

　　美國已將台灣放入免簽證計畫。這個計畫讓台灣人去美國洽公或觀光，最多九十天不用簽證。新的關係應該對美國和台灣都有幫助。

　　這讓台灣成為第三十七個加入免簽證計畫的國家，是第七個亞洲國家。在這個地區，其他也是免簽證計畫的國家有日本、南韓和澳洲。台灣一直致力於被囊括在免簽證計畫內。在台灣能夠加入免簽證計畫之前，需要更好的治安，並且和美國的警政機關密切合作。

　　新的簽證關係都會幫助美國和台灣。巴拉克·歐巴馬總統說，他想要藉由更多來自其他國家的人，到美國洽公和觀光，來改善美國的經濟。這會讓台灣人到美國旅遊更方便，而且會節省台灣旅客的錢。對兩個國家來說，這讓雙方能合作，建立一個更緊密的關係。

## 【註釋】

visit〔ˈvɪzɪt〕*n.* 拜訪；觀光　　tourist〔ˈtʊrɪst〕*n.* 旅客；遊客
visa〔ˈvizə〕*n.* 簽證　　waiver〔ˈwevɚ〕*n.* 放棄；棄權
program〔ˈprogræm〕*n.* 計畫
***Visa Waiver Program*** 免簽證計畫
tourism〔ˈtʊrɪzəm〕*n.* 觀光；旅遊　　***up to*** 最多
relationship〔rɪˈleʃənˌʃɪp〕*n.* 關係　　join〔dʒɔɪn〕*v.* 參加
Asia〔ˈeʃə〕*n.* 亞洲　　region〔ˈridʒən〕*n.* 地區
Japan〔dʒəˈpæn〕*n.* 日本　　***South Korea*** 南韓
Australia〔ɔˈstreljə〕*n.* 澳洲　　***work hard*** 努力

include〔ɪn'klud〕*v.* 包括　　security〔sɪ'kjʊrətɪ〕*n.* 治安
***work with*** 和~合作　　closely〔'kloslɪ〕*adv.* 密切地
police〔pə'lis〕*n.* 警察　　agency〔'edʒənsɪ〕*n.* 政府機關
president〔'prɛzədənt〕*n.* 總統
***Barack Obama*** ·巴拉克·歐巴馬【美國總統】
improve〔ɪm'pruv〕*v.* 改善　　economy〔ɪ'kɑnəmɪ〕*n.* 經濟
save〔sev〕*v.* 節省（金錢）　　***work together*** 合作
build〔bɪld〕*v.* 建立
closer〔'klosɚ〕*adj.* 更緊密的【close 的比較級】

58. ( **C** ) 免簽證計畫讓人們在美國停留多久？

　　(A) 大約九天。　　　　(B) 大約九週。

　　(C) 大約三個月。　　　(D) 大約一年。

59. ( **D** ) 美國希望如何以免簽證計畫來改善它的經濟？

　　(A) 其他國家要為成為免簽證計畫的一份子付費。

　　(B) 美國會有更良好的治安。

　　(C) 美國不會和一些國家有關係。

　　(D) 來自其他國家的人會去美國旅行和做生意。

　　* ***do business*** 做生意

60. ( **B** ) 何者不是加入免簽證計畫後台灣人會有的好處？

　　(A) 台灣遊客會省錢。

　　(B) 美國的產品在台灣會比較便宜。

　　(C) 對他們來說，會比較容易去旅行。

　　(D) 台灣和美國之間的關係會比較好。

　　* benefit〔'bɛnəfɪt〕*n.* 利益；好處

　　product〔'prɑdəkt〕*n.* 產品

　　cheap〔tʃip〕*adj.* 便宜的　　travel〔'trævl〕*v.* 旅行

# TEST 4 詳解

## 聽力測驗（第 1-20 題，共 20 題）

### 第一部分：辨識句意（第 1-3 題，共 3 題）

1. ( **A** ) (A)  (B)  (C)

Sean is definitely a talented painter.
西恩確實是一位有天分的畫家。

\* definitely（'dɛfənɪtlɪ）*adv.* 確實地
talented（'tæləntɪd）*adj.* 有天分的　　painter（'pentɚ）*n.* 畫家

2. ( **C** ) (A)  (B)  (C)

Rebecca bought a necklace for her mother in a department store. 蕾貝卡在百貨公司買了一個項鍊給她媽媽。

\* necklace（'nɛklɪs）*n.* 項鍊　　***department store*** 百貨公司

3. ( **B** ) (A)  (B)  (C)

Carolyn enjoys ice-skating and practices it every day.

凱若琳喜歡溜冰並且每天練習。

* ice-skate〔'aɪs,sket〕v. 溜冰 　 practice〔'præktɪs〕v. 練習

## 第二部分：基本問答（第 4-10 題，共 7 題）

4.( **B** ) Our math teacher is getting married this Saturday.

我們的數學老師這個星期六就要結婚了。

(A) We seldom go to church. 我們很少上教堂。

(B) Are you going to the ceremony? 你會去他們的典禮嗎？

(C) Schools are always closed on Saturday.

學校星期六通常沒有開。

* church〔tʃɝtʃ〕n. 教堂 　 ceremony〔'sɛrə,monɪ〕n. 典禮；儀式

5.( **A** ) What's your favorite season of the year?

你一年四季中最喜歡的季節是什麼？

(A) All four are special to me.

全部四個季節對我而言都很特別。

(B) I was born in April. 我出生於四月。

(C) I plan to travel next year. 我計畫明年去旅行。

* favorite〔'fevərɪt〕adj. 最喜歡的 　 season〔'sizn̩〕n. 季節
special〔'spɛʃəl〕adj. 特別的 　 plan〔plæn〕v. 計畫
travel〔'trævl̩〕v. 旅行

6.( **C** ) Why didn't you come to school yesterday?

為什麼你昨天沒有來學校？

(A) I went to school by bus. 我搭公車去學校。

(B) I was late for school. 我上學遲到了。

(C) I was sick. 我生病了。

* late〔let〕adj. 遲到的 　 sick〔sɪk〕adj. 生病的

7. ( **C** ) The movie will start in five minutes.

電影再過五分鐘就要開始了。

(A) Let's have dinner first. 我們先吃晚餐吧。

(B) Let's make a reservation. 我先去預約吧。

(C) Let's buy our tickets now. 我們現在買票吧。

* reservation (ˌrɛzə'veʃən ) *n.* 預訂；預約

ticket ('tɪkɪt ) *n.* 票

8. ( **B** ) I feel like going out. 我想要出去。

(A) OK. There is a good movie on TV.

好吧。電視有一部不錯的電影。

(B) How about a movie? 看電影如何？

(C) You will be out. 你應該出去。

* *feel like* + *V-ing* 想要~

9. ( **A** ) How often do you go shopping? 你多久去逛一次街？

(A) Almost every day. 幾乎天天。

(B) About two years ago. 大約兩年前。

(C) No, I don't like shopping. 不，我不喜歡購物。

* shopping ('ʃɑpɪŋ ) *n.* 購物　　*go shopping* 去逛街

10. ( **A** ) Would you turn off the music, please? I'm studying.

請你把音樂關掉好嗎？我正在唸書。

(A) I'll use my headphones. 我會使用我的耳機。

(B) Okay. I'll turn on the radio. 好的，我會打開收音機。

(C) What would you like to listen to? 你想要聽什麼音樂？

* *turn off* 關掉（電器）　　headphone ('hɛdˌfon ) *n.* 耳機

*turn on* 打開（電器）　　radio ('redɪˌo ) *n.* 收音機

## 第三部分：言談理解（第 11-20 題，共 10 題）

11. ( **B** ) W : Did you have a good workout?

女：你健身愉快嗎？

M : Sure.  I really enjoy it.

男：當然。我真的很喜歡。

W : Me too.  I'm going to take a shower.  How about you?

女：我也是。我準備去沖個澡。你呢？

M : I still have some sit-ups to do.

男：我還有一些仰臥起坐要做。

Question : Where are the speakers? 說話者在哪裡？

(A)  At the beach.  在海灘。

(B)  In the gym.  在健身房。

(C)  In the science lab.  在科學實驗室。

\* workout〔ˈwɜkˌaʊt〕*n.* 運動；健身
　enjoy〔ɪnˈdʒɔɪ〕*v.* 享受；喜歡　　***take a shower*** 淋浴；沖澡
　sit-up〔ˈsɪtˌʌp〕*n.* 仰臥起坐　　beach〔bitʃ〕*n.* 海灘
　gym〔dʒɪm〕*n.* 健身房　　science〔ˈsaɪəns〕*n.* 科學
　lab〔læb〕*n.* 實驗室（= *laboratory*）

12. ( **C** ) M : Oh, my God!  Look at the traffic!

男：噢，我的天啊！你看看路上的交通！

W : I told you we shouldn't have driven ourselves.

女：我就跟你說我們不該自己開車。

M : But I thought we could save more time to buy presents.

男：但是我認為我們可以省去更多時間來買禮物。

W : We're going to be late now.

女：我們現在快要遲到了。

Question : Why will the speakers be late?

為什麼說話者要遲到了？

(A) Something happened to their car.

他們的車子發生了一些事情。

(B) They didn't have enough money. 他們沒有足夠的錢。

(C) They are in a traffic jam. 他們正在塞車。

* traffic (ˈtræfɪk ) *n.* 交通　save ( sev ) *v.* 節省
present (ˈprɛznt ) *n.* 禮物　late ( let ) *adj.* 遲到的
happen (ˈhæpən ) *v.* 發生　*a traffic jam* 交通阻塞

13. ( **C** ) W : My students were noisy during the class today.

女：我的學生今天上課的時候好吵。

M : That's because it's Friday, the weather is beautiful and we don't have school on Monday.

男：那是因為今天是星期五，天氣很好，而且學校星期一放假。

W : Maybe you are right. Thank goodness. I need a break.

女：或許你是對的。謝天謝地。我需要休息一下。

M : What are your plans for the weekend?

男：妳週末有什麼計畫？

Question : Why are these two teachers happy?

為什麼這兩位老師很開心？

(A) Because they believe in God. 因為他們相信上帝。

(B) Because it's summer vacation. 因為現在放暑假。

(C) Because they will have a three-day break.

因為他們將會有三天的假。

* noisy (ˈnɔɪzɪ ) *adj.* 嘈雜的　weather (ˈwɛðɚ ) *n.* 天氣
*thank goodness* 謝天謝地　break ( brek ) *n.* 休息；休假
weekend (ˈwikˈɛnd ) *n.* 週末　believe ( bəˈliv ) *v.* 相信
*believe in* 相信…是好的；相信…的存在
God ( gɑd ) *n.* 上帝；造物主　vacation ( veˈkeʃən ) *n.* 假期

14. ( **B** ) W : Nice job on the coffee.  It tastes good.  What's in it?

女：你泡了一杯好咖啡。很好喝。裡面加了什麼？

M : You guess.  Let me see how smart you are.

男：妳猜猜看。讓我知道你有多聰明。

W : It's so sweet; I think you've added honey and chocolate.

女：咖啡很甜，我認為你加了蜂蜜和巧克力。

M : Bingo!  You're right.  You are really smart!

男：答對了！妳完全正確。妳真的很聰明！

Question：What did the woman just do?

　　　　這位女士剛剛做了什麼？

(A) She added some ingredients to the coffee.

　　她加了一些原料到咖啡裡。

(B) She guessed correctly. 她猜對了。

(C) She paid for the coffee. 她付了這杯咖啡的錢。

* ***nice job*** 做得好　　　taste〔test〕*v.* 嚐起來
  guess〔gɛs〕*v.* 猜　　　see〔si〕*v.* 知道；了解
  smart〔smɑrt〕*adj.* 聰明的　　sweet〔swit〕*adj.* 甜的
  add〔æd〕*v.* 添加 < *to* >　　honey〔'hʌnɪ〕*n.* 蜂蜜
  chocolate〔'tʃɔkəlɪt〕*n.* 巧克力
  ingredient〔ɪn'gridɪənt〕*n.* (烹飪的) 原料；材料
  correctly〔kə'rɛktlɪ〕*adv.* 正確地
  pay〔pe〕*v.* 付 (錢) < *for* >

15. ( **A** ) W : I can't study with you at the library tonight.

女：我今晚不能和你在圖書館裡唸書。

M : That's too bad.  I wanted you to help me with tomorrow's test.

男：真可惜。我還想要你來幫助我明天的考試。

W : How about right now?  I'm free until three.

女：現在如何？我到三點都有空。

M : That would be great.  You're a real lifesaver.

男：那真是太好了。你真是我的救星。

Question：What is the woman going to do?

　　　　　這位女士要做什麼？

(A) Help him study now. 現在幫助他讀書。

(B) Meet him at another time. 改天和他碰面。

(C) Go to the library. 去圖書館。

* library〔'laɪˌbrɛrɪ〕n. 圖書館　　*how about* ～如何
  *right now* 現在　　free〔fri〕adj. 有空的
  great〔gret〕adj. 很棒的　　real〔'riəl〕adj. 真正的
  lifesaver〔'laɪfˌsevə〕n. 救命者；拯救者
  meet〔mit〕v. 和…見面　　*at another time* 改天

16. ( **B** ) W : You've gained some weight since I last saw you.

女：自從我上次看到你到現在，你增加了一些體重。

M : I know.  I've been so busy these days.

男：我知道。我最近很忙。

W : You have to make time to exercise and eat right.

女：你必須騰出時間來運動，而且要正確飲食。

M : I'm tired of hearing that.  Everyone has been saying
　　that lately.

男：我厭倦聽到那件事。最近每個人都在說那件事。

Question：Why does the man feel uncomfortable?

　　　　　為什麼這位男士感到不舒服？

(A) He's exercising too much. 他做太多運動了。

(B) Many people have told him to lose weight.

　　已經有許多人告訴他要減重。

(C) He has a lot of job pressure. 他有很多工作壓力。

* gain〔gen〕v. 增加　　weight〔wet〕n. 體重
  last〔læst〕adv. 上次　　*these days* 最近
  *make time* 騰出時間　　exercise〔ˈɛksəˌsaɪz〕v. 運動
  right〔raɪt〕adv. 正確地　　*be tired of* 厭煩
  lately〔ˈletlɪ〕adv. 最近
  uncomfortable〔ʌnˈkʌmfətəbḷ〕adj. 不舒服的
  *lose weight* 減輕體重　　job〔dʒɑb〕n. 工作
  pressure〔ˈprɛʃɚ〕n. 壓力

17. ( **C** )　W：Excuse me, is this seat taken?　Mind if I sit down?

女：不好意思，請問這個位子有人坐了嗎？如果我坐下來，你介意嗎？

M：No.　Please do.

男：沒有。妳請坐。

W：This place is always so crowded.　The owners must be rich!

女：這間餐廳總是客滿。老闆一定很有錢！

M：I bet they are.　This is a good place and the food is delicious.

男：我很肯定他們很有錢。這是一家很棒的餐廳，而且食物也很美味。

Question：What does the woman ask the man?

這位女士問這位男士什麼？

(A) If he is rich. 他是否有錢。

(B) If he is enjoying the food there.

他是否喜歡那裡的食物。

(C) If she can sit next to him. 她是否可以坐在他旁邊。

* *excuse me* 不好意思；對不起　　mind〔maɪnd〕v. 介意

place〔ples〕*n.* 地方；餐館

crowded〔'kraudɪd〕*adj.* 擁擠的；客滿的

owner〔'onɚ〕*n.* 物主；業主；所有人

must〔mʌst〕*aux.* 一定　　rich〔rɪtʃ〕*adj.* 有錢的

bet〔bɛt〕*v.* 打賭　　***I bet*** 我肯定；我敢打賭

delicious〔dɪ'lɪʃəs〕*adj.* 美味的；好吃的

18. ( **A** )　W : Nancy looks very tired.

女：南西看起來很累。

M : Yeah, I think she didn't sleep well last night.

男：對啊，我認為她昨天晚上沒睡好。

W : Really?  Too much stress?

女：真的嗎？壓力太大了嗎？

M : No.  The baby cries a lot, you know.

男：不是。嬰兒時常哭，你知道的。

Question : What does the man mean?

這位男士的意思是什麼？

(A) Nancy had to take care of a baby.

南西必須照顧嬰兒。

(B) Nancy shouldn't cry about her stressful job.

南西不應該因為壓力大的工作而哭。

(C) Nancy didn't sleep last night because she couldn't

stop crying.  南西昨天晚上沒睡，因為她一直哭。

\* look〔luk〕*v.* 看起來　　yeah〔jɛ〕*adv.* 是的（= *yes*）

stress〔strɛs〕*n.* 壓力　　***a lot*** 常常　　***take care of*** 照顧

stressful〔'strɛsfəl〕*adj.* 壓力大的　　***stop*** + *V-ing* 停止

19. ( **A** )　W : This used to be such a beautiful garden.

女：這裡以前是一座非常美麗的花園。

M : What happened?

男：發生什麼事了？

W : The owners moved away and no one mows the grass.

女：屋主搬走了，而且沒有人割草。

Question : What's wrong with the garden? 花園怎麼了？

(A) No one has cut the grass in a long time.

　　已經很久沒有人割草了。

(B) The grass has died. 草已經死了。

(C) The owners moved it. 屋主把花園搬走了。

* ***used to*** 以前　　garden〔'gɑrdn̩〕*n.* 花園
　happen〔'hæpən〕*v.* 發生　　***move away*** 搬走
　mow〔mo〕*v.* 割（草）　　grass〔græs〕*n.* 草
　cut〔kʌt〕*v.* 割　　move〔muv〕*v.* 移動；遷移

20. ( **B** )　W : Which floor, please?

女：請問到哪一樓？

M : Third.

男：三樓。

W : I'm sorry.  You have to take another elevator.  This is
　　an express.

女：很抱歉。你必須要搭另一部電梯。這一部是快速電梯。

Question : Which of the following is true? 以下何者正確？

(A) The elevator is out of order. 電梯故障了。

(B) The express elevator doesn't stop on the 3rd floor.

　　直達電梯沒有停在三樓。

(C) The man is in a hurry. 這位男士在趕時間。

* floor〔flor〕*n.* 樓層　　elevator〔'ɛlə͵vetɚ〕*n.* 電梯；升降機
　express〔ɪk'sprɛs〕*n.* 快速電梯；快車　*adj.* 快的；直達的
　***out of order*** 故障　　***in a hurry*** 匆忙地

## 閱讀測驗（第 21-60 題，共 40 題）

**第一部分：單題（第 21-35 題，共 15 題）**

21. (**B**) 這場刺激的棒球比賽因為突如其來的大雨而<u>取消</u>。

    (A) embarrass〔ɪmˈbærəs〕*v.* 尷尬

    (B) *cancel*〔ˈkænsḷ〕*v.* 取消

    (C) introduce〔ˌɪntrəˈdjus〕*v.* 介紹

    (D) arrange〔əˈrendʒ〕*v.* 安排

    \* exciting〔ɪkˈsaɪtɪŋ〕*adj.* 刺激的

       unexpectedly〔ˌʌnɪkˈspɛktɪdlɪ〕*adv.* 出人意料地；意外地

       heavy〔ˈhɛvɪ〕*adj.* 猛烈的；激烈的　　*heavy rain* 大雨

22. (**A**) 傑克被看到在半夜的時候<u>進入</u>那房間。

    感官動詞的被動，不定詞的 to 須保留，be seen to V.

    「被看見…」，故選 (A) *to enter*「進入」。

    \* *in the middle of night* 在半夜

23. (**D**) 我在流鼻涕，所以我今晚不<u>想</u>出去吃晚餐。

    *feel like* + *V-ing*「想要～」，故選 (D) *feel*。

    \* *have a runny nose* 流鼻水

24. (**B**) 現在全世界有好幾百萬的人把英文<u>當作</u>外語來學習。

    (A) in〔ɪn〕*prep.* 在～之中

    (B) *as*〔æz〕*prep.* 當作

    (C) for〔fɔr〕*prep.* 為了

    (D) by〔baɪ〕*prep.* 藉由

    \* *at present* 現在；目前　　*millions of* 數以百萬計的

       *all over the world* 在全世界　　foreign〔ˈfɔrɪn〕*adj.* 外國的

       language〔ˈlæŋgwɪdʒ〕*n.* 語言

25.( **A** ) 因爲惡劣的天氣，我們必須注意交通號誌，並且非常小心地開車。

  (A) ***because of*** 因爲     (B) in front of 在～前面

  (C) depend on 依賴；視～而定   (D) according to 根據

  * attention〔ə'tɛnʃən〕*n.* 注意（力）

  ***pay attention to*** 注意   signal〔'sɪgn̩〕*n.* 信號

  ***traffic signal*** 交通號誌   carefully〔'kɛrfəlɪ〕*adv.* 小心地

26.( **C** ) 爲了慶祝一百週年校慶，將舉行一個盛大的宴會。聽說許多名人
以及總統都會來參加。

  (A) decoration〔‚dɛkə'reʃən〕*n.* 裝飾

  (B) preparation〔‚prɛpə'reʃən〕*n.* 準備

  (C) ***celebration***〔‚sɛlə'breʃən〕*n.* 慶祝

  (D) communication〔kə‚mjunə'keʃən〕*n.* 溝通

  * party〔'pɑrtɪ〕*n.* 宴會   hold〔hold〕*v.* 舉行

  ***It's said that***～ 據說～   celebrity〔sə'lɛbrətɪ〕*n.* 名人

  president〔'prɛzədənt〕*n.* 總統

27.( **C** ) 莎拉波娃是世界上非常受歡迎的網球選手，衆所皆知。

  a popular tennis player「非常受歡迎的網球選手」，用 so
或 such 來強調「如此～」時，須說成：***so*** popular ***a*** tennis
player 或 ***such a*** popular tennis player，故選 (C) ***so
popular a tennis player***。

  * Sharapove〔sə'ræpəvə〕*n.* 莎拉波娃

  popular〔'pɑpjələ〕*adj.* 受歡迎的   tennis〔'tɛnɪs〕*n.* 網球

  player〔'pleə〕*n.* 選手   ***be known to*** 爲⋯所知

28.( **A** ) 我喜歡這條林蔭大道。這路兩邊都排列著美麗的樹木。

  依主詞，Both sides 爲複數名詞，動詞應用複數，依句意爲
被動，故選 (A) ***are***。   ***be lined with***⋯ ⋯排列成行

  * boulevard〔'bulə‚vɑrd〕*n.* 林蔭大道

29. ( **D** ) 人生充滿了希<u>望</u>和<u>機會</u>。只要你盡你所能並且努力,你最後可能會成功。

      (A) department〔dɪ'pɑrtmənt〕*n.* 部門
      (B) emotion〔ɪ'moʃən〕*n.* 情緒
      (C) package〔'pækɪdʒ〕*n.* 包裹
      (D) *opportunity*〔ˌɑpɚ'tjunətɪ〕*n.* 機會

      * *be full of* 充滿了    hope〔hop〕*n.* 希望
      *as long as* 只要    *do one's best* 盡力
      *be likely to* + *V.* 可能~    succeed〔sək'sid〕*v.* 成功
      eventually〔ɪ'vɛntʃʊəlɪ〕*adv.* 最後

30. ( **D** ) 把鑰匙遺忘在家中,你實在是<u>粗心</u>了。

      「It is + 表示人的特質的形容詞 + of + 人 + to + V.」,故選 (D)。

      * careless〔'kɛrlɪs〕*adj.* 不小心的;粗心的

31. ( **B** ) 絕對不要問一位<u>女士她幾歲</u>。這是一個非常私人的問題。

      空格中應用第三人稱,且間接問句也就是名詞子句,在此做受詞,須用直說法,不倒裝,故選 (B) *how old she is*。

      * never〔'nɛvɚ〕*adv.* 絕不
      personal〔'pɝsn̩l〕*adj.* 個人的;私人的

32. ( **A** ) 當他抵達那裡的時候,會議<u>正在舉行</u>。

      指過去某時正在進行的動作,須用「過去進行式」,又會議是「被舉行」,故選 (A) *was being held*。

      * meeting〔'mitɪŋ〕*n.* 會議    arrive〔ə'raɪv〕*v.* 到達

33. ( **C** ) 彼得擁有的書比我多。也就是說,我擁有的書比他<u>少</u>。

      book 是可數名詞,表「較少」,須用 *fewer*,故選 (C)。

      * *that is* 也就是說

34.（**C**） 莎　莉：我想辭職。

克萊爾：為什麼？妳一點也不喜歡你的工作？

莎　莉：<u>我以前喜歡</u>，但我再也無法和我的老闆在辦公室裡和睦相處了。

(A) Not at all 一點也不　　(B) I am used to 我習慣

(C) ***I used to*** 我以前喜歡　(D) I believe so 我想是的

\* quit〔kwɪt〕*v.* 辭（職）　　***not…at all*** 一點也不…

***not…anymore*** 不再；再也不

***get along with*** 與…和睦相處　　office〔ˋɔfɪs〕*n.* 辦公室

35.（**B**） 尼　克：我們去看電影吧。

喬伊斯：聽起來不錯，但老實說，我一毛錢都沒有帶。

尼　克：沒問題。<u>我有帶。</u>

在答句中，助動詞可代替前面已出現過的動詞，故選

(B)***I did***，助動詞 did 用來代替 brought money。

\* sound〔saʊnd〕*v.* 聽起來

***Sounds great.*** 聽起來不錯。( = *It sounds great.* )

frank〔fræŋk〕*adj.* 坦白的

***to be frank with you*** 坦白說；老實說

bring〔brɪŋ〕*v.* 攜帶　　***no problem*** 沒問題

第二部分：題組（第 36-60 題，共 25 題）

（36～42）

---

對科學家而言，要預測什麼時候<u>地震會發生</u>是不可能的。
　　　　　　　　　　　　　　　　　36

所以知道以下的安全訣竅是很重要的：當地震<u>來襲</u>時，要打開
　　　　　　　　　　　　　　　　　　　　　　37

門以及窗戶。<u>待在房間的角落</u>是一個好主意，因為角落通常是
　　　　38

---

最安全的地方。遠離窗戶，因為碎玻璃可能會傷到你，並且記
　　　39　　　　　　　　　　　　　40　　　　　　　　　　　　　　41

得關掉瓦斯。別搭乘電梯，因為電力可能被切斷。每個人都必
　　　　　　　　　　　　　　　　　　　　　　　　42

須進行地震演習。

## 【註釋】

possible〔ˈpɑsəbḷ〕*adj.* 可能的　　scientist〔ˈsaɪəntɪst〕*n.* 科學家
forecast〔forˈkæst〕*v.* 預料；預測　　learn〔lɝn〕*v.* 知道
following〔ˈfɑloɪŋ〕*adj.* 以下的　　safety〔ˈseftɪ〕*n.* 安全
tip〔tɪp〕*n.* 訣竅　　quake〔kwek〕*n.* 地震（= earthquake）
corner〔ˈkɔrnɚ〕*n.* 角落　　***stay away from*** 遠離
glass〔glæs〕*n.* 玻璃　　hurt〔hɝt〕*v.* 使受傷
gas〔gæs〕*n.* 瓦斯　　power〔ˈpauɚ〕*n.* 電力
necessary〔ˈnɛsəˌsɛrɪ〕*adj.* 必要的；必需的
practice〔ˈpræktɪs〕*v.* 實行；實施　　earthquake〔ˈɝθˌkwek〕*n.* 地震
drill〔drɪl〕*n.* 演習；演練

36.（ **B** ） 依文法，疑問副詞 when 引導名詞子句當 forecast 的受詞，
　　　　且主詞與動詞不須倒裝，故選 (B) ***an earthquake will happen***
　　　　「地震會發生」。

37.（ **A** ） 主詞 quake 為第三人稱單數，且依句意為現在式，故選 (A) ***hits***
　　　　「侵襲」。

38.（ **C** ） 由動詞 is 可知，前為動名詞片語 ***staying*** in the corner of a
　　　　room 做主詞，視為單數。　　stay〔ste〕*v.* 停留

39.（ **A** ） 依句意，房間的角落通常是「最安全的地方」，故選 (B) ***the***
　　　　***safest place***。　　safe〔sef〕*adj.* 安全的

40.( **B** ) 依句意，空格應填形容詞。broken〔'brokən〕*adj.* 破碎的，或 breaking〔'brekɪŋ〕*adj.* 碎裂的，故選 (B) *breaking*。

41.( **A** ) and 為對等連接詞，前半句為祈使句，故後半句也須為以原形動詞 開頭的祈使句，故選 (A) *remember*「記得」。

42.( **D** ) 依句意，電力可能會「被切斷」，前有助動詞 may，故空格須填原 形動詞，選 (D) *be cut off*。

（43～45）

> 紐約、倫敦、東京，和其他大都市，都是很令人興奮的地
> 　　　　　　　　　　43
> 方。有許多有趣的事情可以看和做。你可以去看各種不同的博
> 　　　　　　44
> 物館、戲劇和電影。你也可以買到來自世界各地的東西。然而，
> 大都市也同樣擁有許多問題。住在大都市很昂貴，而且有太多
> 人為了找工作、就讀優良的學校，以及接受良好的醫療照顧，
> 而搬到大都市。
>
> 　有時候，這些人會無法找到理想的工作，或良好的居住場
> 所。而且，要維持都市的安全和整潔也是很困難的。有些人喜
> 歡住在大都市，但有些人卻不喜歡。在搬到大都市之前，他們
> 　　　　　　　　　45
> 應該要仔細思考住在大都市的嚴重問題。

【註釋】

New York〔nu'jɔrk〕*n.* 紐約　　London〔'lʌndən〕*n.* 倫敦
Tokyo〔'tokɪo〕*n.* 東京　　city〔'sɪtɪ〕*n.* 都市；城市
exciting〔ɪk'saɪtɪŋ〕*adj.* 令人興奮的

different〔ˈdɪfərənt〕*adj.* 不同的　　kind〔kaɪnd〕*n.* 種類
museum〔mjuˈziəm〕*n.* 博物館　　play〔ple〕*n.* 戲劇
problem〔ˈprɑbləm〕*n.* 問題　　expensive〔ɪkˈspɛnsɪv〕*adj.* 昂貴的
excellent〔ˈɛksl̩ənt〕*adj.* 優秀的　　receive〔rɪˈsiv〕*v.* 接受
medical〔ˈmɛdɪkl̩〕*adj.* 醫療的　　care〔kɛr〕*n.* 照顧
also〔ˈɔlso〕*adv.* 而且　　keep〔kip〕*v.* 維持
safe〔sef〕*adj.* 安全的　　***think about*** 考慮
carefully〔ˈkɛrfəlɪ〕*adv.* 仔細地　　serious〔ˈsɪrɪəs〕*adj.* 嚴重的

43. ( **A** ) 依句意,「其他」大都市,選 (A) ***other*** *adj.* 其他的。
　　而 (B) the other「( 兩者 ) 另一個」,(C) another「( 三者以上 )
　　另一個」,(D) others「別人」,則不合句意。

44. ( **D** ) 依句意,空格應填形容詞來修飾後面的名詞 things,故選
　　(D) ***interesting***「有趣的」。
　　而 (B) interested *adj.* ( 人 ) 覺得有趣的,則不合句意。

45. ( **B** ) 依句意,「有些人不喜歡」,選 (B) ***others do not***。
　　***some…others~*** 有些…有些~

( 46~49 )

> 　　在美國,你可以在像是餐廳、圖書館、博物館、百貨公司
> 或機場的公共場所找到公廁。你可以在大部分的加油站,找到
> 相當乾淨的洗手間,但是,公車總站或火車站的廁所,常常令
> 人不舒服。絕對不要使用地下鐵的洗手間。那裡通常是不安全
> 的地方。
>
> 　　不論你是不是旅館的客人,你總是可以進入旅館,使用它
> 的洗手間;你通常會在遠離大廳的某個地方找到廁所。

不要被門上的名稱所混淆。有時候門上會標示著「男士」或「女士」或「紳士」或「淑女」。常見的用語則是「廁所」。尤其是在餐廳裡，門上可能沒寫字，但是會有一張男士或女士的圖片，或可能會把其他的線索畫在門上。如果你有需要，就向人問「男廁」或「女廁」在哪裡。

　　在大型的旅館或餐廳，如果廁所有服務生的話，就要留下小費。在俱樂部裡就不用給小費，但是微笑和友善的話語是會受到感激的。在一些公廁裡，也可能會有一些是「收費廁所」。必須把硬幣投入門裡來打開鎖，這樣你才能進去。

## 【註釋】

find〔faɪnd〕*v.* 找到　　public〔ˋpʌblɪk〕*adj.* 公共的
facilities〔fəˋsɪlətɪz〕*n. pl.* 設施；廁所　　***public place*** 公共場所
***such as*** 像是　　airport〔ˋɛr͵port〕*n.* 機場
reasonably〔ˋriznəblɪ〕*adv.* 相當地
restroom〔ˋrɛst͵rum〕*n.* 廁所（= *rest room*）
available〔əˋveləbḷ〕*adj.* 可獲得的；可找到的
***gasoline station*** 加油站　　toilet〔ˋtɔɪlɪt〕*n.* 廁所
terminal〔ˋtɝmənḷ〕*n.* 終點站；總站　　***bus terminal*** 公車總站
railroad〔ˋrel͵rod〕*n.* 鐵路　　***railroad station*** 火車站
unpleasant〔ʌnˋplɛznt〕*adj.* 令人不愉快的
subway〔ˋsʌb͵we〕*n.* 地下鐵　　unsafe〔ʌnˋsef〕*adj.* 不安全的
hotel〔hoˋtɛl〕*n.* 旅館　　***whether or not*** 無論是否
guest〔gɛst〕*n.* 客人　　somewhere〔ˋsʌm͵hwɛr〕*adv.* 在某處
off〔ɔf〕*prep.* 離…；在～的外面
main〔men〕*adj.* 主要的；最大的　　lobby〔ˋlabɪ〕*n.* 大廳
***main lobby*** 大廳　　confuse〔kənˋfjuz〕*v.* 使困惑
mark〔mark〕*v.* 標示　　gentleman〔ˋdʒɛtḷmən〕*n.* 紳士
lady〔ˋledɪ〕*n.* 淑女　　term〔tɝm〕*n.* 用語

especially〔ə'spɛʃəlɪ〕*adv.* 尤其;特別是　　*some other* 某個其他的

clue〔klu〕*n.* 線索　　paint〔pent〕*v.* 畫　　need〔nid〕*n.* 需要

*in need* 有需要　　*ask for* 要求(得到)　　large〔lardʒ〕*adj.* 大的

tip〔tɪp〕*n.* 小費　*v.* 給小費　　attendant〔ə'tɛndənt〕*n.* 服務員

club〔klʌb〕*n.* 俱樂部;夜總會　　friendly〔'frɛndlɪ〕*adj.* 友善的

appreciate〔ə'priʃɪˌet〕*v.* 感激　　*pay toilet* 收費的廁所

coin〔kɔɪn〕*n.* 硬幣　　insert〔ɪn'sɜt〕*v.* 投(幣)

unlock〔ʌn'lak〕*v.* 開鎖　　enter〔'ɛntə〕*v.* 進入

46. ( **D** ) 作者指出,地下鐵的廁所不是一個可以去的好地方,因為它們

　　　(A) 不乾淨。　　　　　　　(B) 太貴。

　　　(C) 太遠。　　　　　　　　(D) 不安全。

　　　* author〔'ɔθə〕*n.* 作者　　suggest〔sə'dʒɛst〕*v.* 建議;指出
　　　unclean〔ʌn'klin〕*adj.* 不乾淨的

47. ( **B** ) 投幣之後,「付費廁所」會_____。

　　　(A) 沖水　　　　　　　　　(B) 把鎖打開

　　　(C) 鎖起來　　　　　　　　(D) 休息

　　　* flush〔flʌʃ〕*v.* 沖水　　lock〔lak〕*v.* 鎖上
　　　rest〔rɛst〕*v.* 休息

48. ( **D** ) 在美國,觀光客可以在什麼地方找到廁所?

　　　(A) 旅館裡。　　　　　　　(B) 火車站裡。

　　　(C) 圖書館裡。　　　　　　(D) 以上皆可。

　　　* tourist〔'tʊrɪst〕*n.* 觀光客　　*all of the above* 以上全部

49. ( **B** ) 在美國,廁所的門上最可能有什麼?

　　　(A) 小費。　　　　　　　　(B) 「紳士」這個字。

　　　(C) 一位服務員。　　　　　(D) 一個硬幣。

　　　* *be likely to* 可能

（50～53）

山謬・L・克萊門斯，以馬克・吐溫的名字廣為人知，被許多人認為是美國史上最偉大的作家之一。他在 1835 年，出生於美國的佛羅里達州，是在家中七個小孩中排第六。當吐溫只有十一歲時，他的父親就去世了。為了要幫忙維持家計，他開始工作並且替報社寫短篇小說。吐溫每個傍晚也到公共圖書館，藉由閱讀上百本書來繼續他的**學業**。在努力工作幾年後，吐溫成為一為汽船領航員，而且有機會沿著大密西西比河遊歷。他在旅途中看到許多有趣的事物，並且用這些經驗來寫短篇和滑稽的小說。馬克・吐溫的著作變得非常受歡迎，因為在那個時候，他的風格和其他作家大不相同。大多數的其他作家有馬克吐溫所不喜歡的嚴肅風格。吐溫常常寫帶給讀者快樂感受的小說。現在，馬克・吐溫依然因他很棒的短篇小說而聞名全世界。他最有名的小說之一，就是「頑童歷險記」。

【註釋】

popularly〔ˈpɑpjələlɪ〕*adv.* 普遍地
***be known as*** 以⋯（身份、名稱）而有名
***Mark Twain*** 馬克・吐溫【美國作家】
consider〔kənˈsɪdə〕*v.* 認為　　　great〔gret〕*adj.* 偉大的；大的
writer〔ˈraɪtə〕*n.* 作家　　　history〔ˈhɪstrɪ〕*n.* 歷史
born〔bɔrn〕*adj.* 出生的
Florida〔ˈflɔrədə〕*n.* 佛羅里達州【位在美國東南方】
***pass away*** 逝世　　　story〔ˈstorɪ〕*n.* 短篇小說
newspaper〔ˈnjuzˌpepə〕*n.* 報紙；報社
continue〔kənˈtɪnju〕*v.* 繼續　　　studies〔ˈstʌdɪz〕*n. pl.* 學業
public〔ˈpʌblɪk〕*adj.* 公共的　　　several〔ˈsɛvərəl〕*adj.* 幾個的

steamboat〔'stim,bot〕*n.* 汽船　　pilot〔'paɪlət〕*n.* 領航員；舵手
chance〔tʃæns〕*n.* 機會　　travel〔'trævl〕*v.* 旅行；遊歷
along〔ə'lɔŋ〕*prep.* 沿著
Mississippi〔,mɪsə'sɪpɪ〕*n.* 密西西比州【位在美國南方，鄰墨西哥灣】
***Mississippi River*** 密西西比河【貫穿美國中部，注入墨西哥灣】
trip〔trɪp〕*n.* 旅行　　experience〔ɪk'spɪrɪəns〕*n.* 經驗
funny〔'fʌnɪ〕*adj.* 滑稽的；令人發笑的
writing〔'raɪtɪŋ〕*n.* 著作；作品　　style〔staɪl〕*n.* 風格
***be different from*** 和～不同　　serious〔'sɪrɪəs〕*adj.* 嚴肅的
reader〔'ridɚ〕*n.* 讀者　　famous〔'feməs〕*adj.* 有名的
wonderful〔'wʌndɚfəl〕*adj.* 很棒的
adventures〔əd'vɛntʃɚz〕*n. pl.* 冒險故事；歷險記
***The Adventures of Huckleberry Finn*** 頑童歷險記

50. ( **B** ) 這篇閱讀的最佳標題是什麼？

     (A) 滑稽短篇小說的歷史　　(B) <u>山謬‧克萊門斯的一生</u>

     (C) 全世界最偉大的作家　　(D) 馬克‧吐溫和他的家人

     * title〔'taɪtl〕*n.* 標題　　reading〔'ridɪŋ〕*n.* 讀物；文章

51. ( **D** ) 根據本文，關於馬克‧吐溫的許多短篇小說，何者爲眞？

     (A) 它們像其他作家的小說。

     (B) 它們多半悲傷，但是感動許多人。

     (C) 它們直到他逝世才變得受歡迎。

     (D) <u>它們是吐溫由密西西比河的經驗所得到的靈感。</u>

     * mostly〔'mostlɪ〕*adv.* 大多　　touch〔tʌtʃ〕*v.* 使感動
     ***not…until*** 直到～才…
     inspire〔ɪn'spaɪr〕*v.* 啓發；給予靈感

52. ( **C** ) "**studies**"這個字在本文裡是什麼意思？

     (A) 學生。　　(B) 圖書館。　　(C) <u>教育。</u>　　(D) 歷史。

     * article〔'artɪkl〕*n.* 文章　　education〔,ɛdʒə'keʃən〕*n.* 教育

53. ( **A** ) 根據本文，何者爲眞？

    (A) <u>馬克‧吐溫年輕的時候必須工作。</u>

    (B) 馬克‧吐溫沒有任何兄弟姊妹。

    (C) 馬克‧吐溫是在學校學習有關寫作的一切。

    (D) 當馬克‧吐溫成爲一位作家時，他的父親非常以他爲榮。

    * *be proud of* 以～爲榮

（54～55）

---

### 喀什米爾羊毛圍巾

#### 10週年年度清倉大拍賣

圍巾買一送一。自12月19日起，爲期一週，有2至15美元的折扣。售價每條10元起。每位顧客限購一條。各種尺寸和顏色都有存貨。

#### 要買要快！

---

【註釋】

cashmere〔'kæʃ,mɪr〕*n.* 喀什米爾羊毛    wool〔wʊl〕*n.* 羊毛

shawl〔ʃɔl〕*n.* 圍巾    annual〔'ænjʊəl〕*adj.* 年度的

clearance〔'klɪrəns〕*n.* 出清存貨；清倉拍賣

sale〔sel〕*n.* 拍賣    free〔fri〕*adj.* 免費的

begin〔bɪ'gɪn〕*v.* 始於    off〔ɔf〕*prep.* 從…扣除

price〔praɪs〕*v.* 定價    purchase〔'pɝtʃəs〕*n.* 購買

per〔pɚ〕*prep.* 每    customer〔'kʌstəmɚ〕*n.* 顧客

size〔saɪz〕*n.* 尺寸    stock〔stɑk〕*n.* 存貨

*in stock* 有存貨的    hurry〔'hɝɪ〕*v.* 趕快

54. ( **B** ) 這些圍巾的價格是多少？

    (A) 2 至 15 美元。       (B) <u>10 美元以上。</u>

    (C) 比平常便宜 6%。    (D) 大約 12 至 25 美元。

    * *~ than usual* 比平常~

55. ( **B** ) 這次的拍賣，一個人能帶幾條圍巾回家？

    (A) 一條圍巾        (B) <u>兩條圍巾。</u>

    (C) 四條圍巾。       (D) 不得而知。

    * impossible〔ɪmˈpɑsəbḷ〕*adj.* 不可能的    tell〔tɛl〕*v.* 知道

（56～57）

| 姓名：妮娜・多佛 | | |
|---|---|---|
| 科　　目 | 成　績 | 評　　語 |
| 英文 | B+ | 很努力 |
| 歷史 | C+ | 需要改進 |
| 數學 | A | 表現良好 |
| 體育 | A– | 在班上熱心助人 |
| 中文 | D+ | 應該要更努力 |
| 木工 | B | 可以做得更好 |

【註釋】

    subject〔ˈsʌbdʒɪkt〕*n.* 科目    grade〔gred〕*n.* 成績

    comment〔ˈkɑmɛnt〕*n.* 評語    effort〔ˈɛfət〕*n.* 努力

    *make a good effort* 非常努力    need〔nid〕*v.* 需要

    improvement〔ɪmˈpruvmənt〕*n.* 改進

math〔mæθ〕*n.* 數學（= *mathematics*）
***good work*** 做得很出色　　***PE*** 體育（= *physical education*）
helpful〔'hɛlpfəl〕*adj.* 有幫助的；肯幫忙的
woodwork〔'wʊd,wɝk〕*n.* 木工；木製品

56.(**B**) 哪一個句子是錯的？

(A) 妮娜歷史得 C+。

(B) 在數學這一科，妮娜得到不好的評語。

(C) 妮娜不擅長中文。

(D) 妮娜英文得 B+。

* sentence〔'sɛntəns〕*n.* 句子
wrong〔rɔŋ〕*adj.* 不正確的；錯誤的
poor〔pʊr〕*adj.* 不擅長的
***be poor at*** 不擅長（↔ *be good at* 精通）

57.(**B**) "very good work" 是什麼意思？

(A) 妮娜是一位工人。

(B) 妮娜做得很好。

(C) 那件木製品很好。

(D) 那個工作很容易。

* worker〔'wɝkɚ〕*n.* 工人　　easy〔'izɪ〕*adj.* 容易的

(58～60)

在溫暖的日子，我夢想著離開，

搭上飛機，然後在另一個地方降落，

接著，我會在一個玫瑰花園裡，

蝴蝶和蜜蜂也在玩耍。

在炎熱的日子，我夢想著離開，

坐在被藍色波浪圍繞的船上，

不久，我會跳進涼快的海水裡，

魚和海鷗也在嬉戲。

在涼爽的日子，我夢想著離開，

騎著自行車前往聖人之山，

我會在那裡的老樹下跳舞，

葉子和風也在遊樂。

在寒冷的日子，我夢想著離開，

帶著背包跑向媽咪的所在之處，

如此，我會落入一個歡迎的擁抱，

聊天說笑也在玩樂。

## 【註釋】

warm〔wɔrm〕*adj.* 溫暖的　　dream〔drim〕*v.* 夢想
away〔ə'we〕*adv.* 離去　　***get on*** 搭上；登上
plane〔plen〕*n.* 飛機　　land〔lænd〕*v.* 降落
rose〔roz〕*n.* 玫瑰花　　garden〔'gɑrdn̩〕*n.* 花園
butterfly〔'bʌtɚ,flaɪ〕*n.* 蝴蝶　　bee〔bi〕*n.* 蜜蜂
play〔ple〕*n.* 玩耍；嬉戲　　ship〔ʃɪp〕*n.* 船
surround〔sə'raʊnd〕*v.* 圍繞；環繞　　wave〔wev〕*n.* 波浪
jump〔dʒʌmp〕*v.* 跳　　cool〔kul〕*adj.* 涼快的；涼爽的
seagull〔'si,gʌl〕*n.* 海鷗　　***head for*** 前往
saint〔sent〕*n.* 聖人　　dance〔dæns〕*v.* 跳舞
leaf〔lif〕*n.* 葉子　　carry〔'kærɪ〕*v.* 攜帶

backpack〔'bæk,pæk〕*n.* 背包　　stay〔ste〕*n.* 停留；逗留
***fall into*** 落入　　welcome〔'wɛlkəm〕*v.* 歡迎
hug〔hʌg〕*n.* 擁抱　　joke〔dʒok〕*v.* 說笑話

58. ( **B** ) 這首歌曲的語調是？

    (A) 恐怖的。          (B) <u>快樂的。</u>

    (C) 嚴肅的。          (D) 擔心的。

    * tone〔ton〕*n.* 語調　　song〔sɔŋ〕*n.* 歌曲

      scary〔'skɛrɪ〕*adj.* 恐怖的　　worried〔'wɜɪd〕*adj.* 擔心的

59. ( **A** ) 作者在溫暖的日子可能會做什麼？

(A)       (B)

(C)       (D)

60. ( **B** ) 根據這首歌的內容，何者正確？

    (A) 作者想要在炎熱的日子騎腳踏車。

    (B) <u>作者想要在寒冷的日子回家。</u>

    (C) 作者想要在溫暖的日子拜訪朋友。

    (D) 作者想要在涼爽的日子種花。

    * visit〔'vɪzɪt〕*v.* 拜訪　　plant〔plænt〕*v.* 種植

# TEST 5 詳解

## 聽力測驗（第 1-20 題，共 20 題）

### 第一部分：辨識句意（第 1-3 題，共 3 題）

1. ( **A** ) (A)　　　　　　(B)　　　　　　(C)

They are playing with fireworks. 他們正在放煙火。

* firework (ˈfaɪrˌwɝk ) n. 煙火

2. ( **A** ) (A)　　　　　　(B)　　　　　　(C)

Tommy has a beard. 湯米有鬍子。

* beard ( bɪrd ) n. 鬍子

3. ( **B** ) (A)　　　　　　(B)　　　　　　(C)

The mailman is delivering some letters.

郵差正在遞送一些信件。

* mailman〔'mel,mæn〕*n.* 郵差（ = *postman* ）
deliver〔dɪ'lɪvɚ〕*v.* 遞送　　letter〔'lɛtɚ〕*n.* 信

## 第二部分：基本問答（第 4-10 題，共 7 題）

4. ( **C** ) Turn up the radio. This is my favorite song by Bon Jovi.

將收音機音量調大。這是我最喜愛的一首邦喬飛的歌。

(A) You sing very well. 你唱得很好。

(B) Let's listen to it again. 讓我們再聽一次。

(C) It's mine, too. 這也是我最喜愛的。

* ***turn up*** 開大（聲）　　radio〔'redɪ,o〕*n.* 收音機
favorite〔'fevrɪt〕*adj.* 最喜愛的
***Bon Jovi*** 邦喬飛【美國搖滾歌手】

5. ( **B** ) Why don't you come with us tomorrow?

你明天為什麼不和我們一起去？

(A) I was too busy. 我太忙了。( 時態為過去式，在此不合 )

(B) All right. I'd like that. 好。我想要去。

(C) Joyce cannot come, either. 喬伊絲也不能來。

* ***Why don't you~?*** 你何不~？　　***All right.*** 可以；好吧。
either〔'iðɚ〕*adv.* 也（不）

6. ( **A** ) Would you mind giving me a ride in two hours?

你介意兩小時後載我一程嗎？

(A) Where to? 去哪裡？

(B) I was late for school 我上學遲到了。

(C) I have two hours. 我有兩個小時。

* mind〔maɪnd〕*v.* 介意　　***give sb. a ride*** 載某人一程

7. ( **C** ) How is Grace now? 葛瑞絲現在如何？

    (A) She is eighteen. 她現在十八歲。

    (B) She is at home. 她在家。

    (C) She is much better, thanks. <u>她好多了，謝謝。</u>

8. ( **B** ) Excuse me. You dropped the ID card from your pocket.
不好意思。你的身分證從你的口袋裡掉出來了。

    (A) Oh! You shouldn't have. 噢！你不該這麼做的。

    (B) Thank you so much. <u>非常感謝你。</u>

    (C) Don't mention it. 不客氣。

    * drop〔drɑp〕*v.* 掉落　　***ID card*** 身分證
    pocket〔'pɑkɪt〕*n.* 口袋　　***Don't mention it.*** 不客氣。

9. ( **A** ) Thank you for the gift. It was exactly what I wanted.
謝謝你給我的這份禮物。這正是我想要的。

    (A) I'm glad you like it. <u>我很高興你喜歡它。</u>

    (B) Was it a gift? 這是禮物嗎？

    (C) I'm sorry you didn't like it. 我很遺憾你不喜歡它。

    * gift〔gɪft〕*n.* 禮物　　exactly〔ɪg'zæktlɪ〕*adv.* 確切地；正是
    glad〔glæd〕*adj.* 高興的　　sorry〔'sɔrɪ〕*adj.* 遺憾的；難過的

10. ( **A** ) What are we going to do tonight? 我們今晚要做什麼？

    (A) Let's go to a movie. <u>我們去看電影吧。</u>

    (B) No, you are not going to do it.
       不，你沒有要做這件事。

    (C) I couldn't agree with you more. 我非常同意你。

    * ***go to the movies*** 去看電影　　***be going to*** 即將要…
    agree〔ə'gri〕*v.* 同意
    ***I couldn't agree with you more.*** 我非常同意你。

## 第三部分：言談理解（第 11-20 題，共 10 題）

11. ( **B** ) W：Have you chosen a school club yet?

女：你選好社團了嗎？

M：No. I cannot decide between the Dance Club and the Computer Club.

男：還沒。我無法在熱舞社和電腦社之間做選擇。

W：They both sound interesting. I chose the latter.

女：它們兩個聽起來都很有趣。我選後者。

M：Then I'll join that one, too.

男：那我也參加那個社團好了。

Question：Which club will the man join?

這位男士將會參加哪個社團？

(A) The Dance Club. 熱舞社。

(B) The Computer Club. 電腦社。

(C) He decided not to join a club at last.

他最後決定不要參加社團。

\* choose〔tʃuz〕v. 選擇（三態變化爲：choose-chose-chosen）
club〔klʌb〕n. 俱樂部；社團　　***school club*** 社團
decide〔dɪ'saɪd〕v. 決定　　between〔bə'twin〕prep. 在…之間
sound〔saʊnd〕v. 聽起來　　interesting〔'ɪntrɪstɪŋ〕adj. 有趣的
***the latter*** 後者　　join〔dʒɔɪn〕v. 參加　　***at last*** 最後

12. ( **A** ) W：I really like these tables. How much are they?

女：我眞的很喜歡這些桌子。它們多少錢？

M：They are sixty dollars each or one hundred dollars for the pair.

男：一張六十元，兩張一百元。

Question：How much does one table cost?

一張桌子多少錢？

(A) $60. 六十元。
(B) $100. 一百元。
(C) $120. 一百二十元。

* pair〔pɛr〕*n.* 一對；一雙　　cost〔kɔst〕*v.* 值…價錢；需花費…

13. ( **B** ) M : Would you pass the salt, please?

男：能請你遞鹽給我嗎？

W : Oh, sorry.　We're all out of salt.

女：喔，很抱歉。我們鹽全用完了

M : That's okay.　I can do without.

男：沒關係。我沒有鹽也可以。

Question : What does the woman mean?

這位女士意味什麼？

(A) She will eat her food without salt.

她不加鹽也可以吃她的食物。

(B) She doesn't have any salt to offer.

她沒有任何鹽可以提供。

(C) She cannot find the salt.　她無法找到鹽。

* pass〔pæs〕*v.* 傳遞　　salt〔sɔlt〕*n.* 鹽
***be out of*** 用完　　***can do without*** 沒有…也行
mean〔min〕*v.* 意思是　　offer〔'ɔfɚ〕*v.* 提供

14. ( **A** ) W : The traffic is terrible!　We're going to be late!

女：交通糟透了！我們快要遲到了！

M : It's always bad at rush hour.

男：在尖峰時間交通狀況總是很不好。

W : But today is even worse than usual.

女：但今天比平常更不好。

M : Maybe there was a car accident.

男：也許有車禍。

W：You're right.　There it is ahead.

女：你是對的。就在前面那裡。

Question：Why are the speakers stuck in traffic?

　　　　　說話者爲何被困在車陣中？

(A) There was a car accident on the road ahead.

　　　在前方的路上有車禍。

(B) They didn't leave their house on time.

　　　他們沒有準時出門。

(C) They drove too slowly.　他們開得太慢了。

\* traffic〔'træfɪk〕*n.* 交通；( 往來的 ) 車輛

　terrible〔'tɛrəbḷ〕*adj.* 糟糕的；可怕的

　***rush hour*** 尖峰時間　　***worse than usual*** 比平常更糟

　accident〔'æksədənt〕*n.* 意外；車禍

　ahead〔ə'hɛd〕*adv.* 在前面　　stuck〔stʌk〕*adj.* 卡住的

　***on time*** 準時　　slowly〔'sloʊlɪ〕*adv.* 緩慢地

15. ( **A** ) W：Have you ever been to Germany?

女：你曾經去過德國嗎？

M：Not yet.　But my girlfriend and I will go this summer.

男：還沒有。但我和我女朋友今天夏天會去。

W：That's so great.　How long will you stay?

女：那眞是太棒了。你們會待多久？

M：About two weeks.

男：大約兩週。

Question：When will the man visit Germany?

　　　　　這位男士何時會去德國？

(A) In the summer.　夏天時。

(B) For about two weeks.　大約兩週。

(C) In about two weeks.　再過大約兩週。

\* ***have ever been to*** 曾經去過　　Germany〔'dʒɝmənɪ〕*n.* 德國

***not yet*** 尚未；還沒　　**girlfriend** (ˈgɜːlˌfrɛnd) *n.* 女朋友
**summer** (ˈsʌmə) *n.* 夏天　　**great** (gret) *adj.* 很棒的
***how long*** 多久　　**stay** (ste) *v.* 停留
**visit** (ˈvɪzɪt) *v.* 遊覽；去…看看

16. ( **A** )　W : That's a fantastic sweater you're wearing.

　　　　女：你穿的這件毛衣真的很棒。

　　　　M : Really?  It was a Christmas present.

　　　　男：真的嗎？這是聖誕節禮物。

　　　　W : Well, it looks wonderful.

　　　　女：哇，看起來很棒。

　　　　M : So do your gloves.  I love the color.

　　　　男：你的手套也是。我喜歡它的顏色。

　　　　Question : What do we know from this conversation?

　　　　　　　　從對話中我們可以得知什麼？

　　　(A)  The man received a sweater on Christmas last year.

　　　　　這位男士在去年聖誕節收到一件毛衣。

　　　(B)  The woman will give the man a sweater as a
　　　　　Christmas gift.

　　　　　這位女士將會給這位男士一件毛衣當作聖誕節禮物。

　　　(C)  The man's gloves were a Christmas gift.

　　　　　這位男士的聖誕節禮物是一雙手套。

　　　* fantastic ( fænˈtæstɪk ) *adj.* 很棒的；極好的
　　　　sweater (ˈswɛtə) *n.* 毛衣　　wear ( wɛr ) *v.* 穿
　　　　Christmas (ˈkrɪsməs) *n.* 聖誕節　　present (ˈprɛznt) *n.* 禮物
　　　　look ( luk ) *v.* 看起來　　wonderful (ˈwʌndəfəl) *adj.* 極好的
　　　　glove ( glʌv ) *n.* 手套　　conversation (ˌkɑnvəˈseʃən) *n.* 對話
　　　　receive ( rɪˈsiv ) *v.* 收到

17. ( **B** )　W : Where are you from?

　　　　女：你來自哪裡？

M：I was born in Boston, but I grew up in San Diego and studied in New York.

男：我在波士頓出生，但在聖地牙哥長大，並在紐約唸書。

Question：Where did the man grow up?

這位男士在何處長大？

(A) Boston. 波士頓。

(B) San Diego. 聖地牙哥。

(C) New York. 紐約。

* bear〔bɛr〕v. 生（三態變化為：bear-bore-born）
Boston〔'bɔstn̩〕n. 波士頓　　***grow up*** 長大
San Diego〔,sæn di'ego〕n. 聖地牙哥

18. ( **B** )　W：What did you say?　I can hardly hear you.

女：你說什麼？我幾乎聽不見你說話。

M：Is this any better?

男：這樣有好一點嗎？

W：A little.　Try to speak up.

女：一點點。試著說大聲點。

Question：Why can't the woman understand the man?

為什麼這位女士無法理解這位男士？

(A) He doesn't speak clearly. 他說話不清楚。

(B) He speaks too softly. 他說話太小聲。

(C) His cell phone is broken. 他的手機壞了。

* hardly〔'hɑrdlɪ〕adv. 幾乎不　　hear〔hɪr〕v. 聽見
***speak up*** 更大聲地說　　understand〔,ʌndə'stænd〕v. 了解
clearly〔'klɪrlɪ〕adv. 清楚地　　softly〔'sɔftlɪ〕adv. 輕聲地
***cell phone*** 手機　　broken〔'brokən〕adj. 故障的

19. ( **A** )　M：Are you ready to go?　The concert will start at six on the dot.

男：你準備好要走了嗎？演唱會將在六點準時開始。

W : I'll be ready in ten minutes.  I just have to change my clothes.  Afterwards, we'll still have one hour to get there.

女：我再十分鐘就好了。我只要換個衣服。之後，我們仍有一個小時可到那裡。

Question : What time is it?  現在幾點？

(A)  4:50.  四點五十分。

(B)  5:00.  五點。

(C)  5:10.  五點十分。

* ready ('rɛdɪ) *adj.* 準備好的       concert ('kɑnsɜt) *n.* 演唱會
  ***on the dot*** 準時 ( = *on time* )       change ( tʃendʒ) *v.* 更換
  afterward ('æftəwəd) *adv.* 之後

20. ( **C** )  W : Why was Annie late for school today?

女：為什麼安妮今天上學遲到？

M : She said that she took the wrong bus.

男：她說她搭錯公車了。

W : Actually, she walks to school!

女：事實上，她是走路去上學！

M : Then she was just making an excuse.

男：那只是她在找藉口。

Question : Why was Annie late for school?

為何安妮上學遲到？

(A)  She took the wrong bus.  她搭錯公車。

(B)  She walked too slowly.  她走太慢。

(C)  We don't know.  我們無從得知。

* late ( let ) *adj.* 遲到的      take ( tek ) *v.* 搭乘
  wrong ( rɔŋ ) *adj.* 錯誤的      actually ('æktʃuəlɪ) *adv.* 事實上
  excuse ( ɪk'skjus ) *n.* 藉口      ***make an excuse*** 找藉口
  slowly ('slolɪ) *adv.* 緩慢地

# 閱讀測驗（第 21-60 題，共 40 題）

## 第一部分：單題（第 21-35 題，共 15 題）

21.（ **B** ）茉莉亞能夠提供警方一些<u>有幫助的</u>情報，因為她是這場事故的目擊者。

(A) available〔əˋvɛləb!〕 *adj.* 可獲得的

(B) ***helpful***〔ˋhɛlpfəl〕 *adj.* 有幫助的；有用的

(C) natural〔ˋnætʃərəl〕 *adj.* 天然的

(D) useless〔ˋjusfəl〕 *adj.* 沒有用的

\* ***be able to*** + *V* 能夠～　　provide〔prəˋvaid〕 *v.* 提供
***the police*** 警方　　information〔͵ɪnfəˋmeʃən〕 *n.* 消息；情報
witness〔ˋwɪtnɪs〕 *n.* 目擊者 < *to* >
accident〔ˋæksədənt〕 *n.* 意外；事故

22.（ **D** ）市長揮舞雙手<u>強調</u>他所說的。

(A) influence〔ˋɪnfluəns〕 *v. n.* 影響

(B) comment〔ˋkɑmɛnt〕 *v. n.* 評論

(C) support〔səˋport〕 *v. n.* 支持

(D) ***emphasize***〔ˋɛmfə͵saɪz〕 *v.* 強調

\* mayor〔ˋmeɚ〕 *n.* 市長　　wave〔wev〕 *v.* 揮動

23.（ **C** ）護士必須<u>照顧</u>病人，無論他們得了什麼病。

(A) take a look at 看一看

(B) take place 發生

(C) ***take care of*** 照顧

(D) take off 脫掉；起飛

\* nurse〔nɝs〕 *n.* 護士　　patient〔ˋpeʃənt〕 *n.* 病人
***no matter what*** 無論什麼　　disease〔dɪˋziz〕 *n.* 疾病
catch〔kætʃ〕 *v.* 罹患

24. ( **A** ) 為了保持良好的健康，醫生建議我哥哥應該儘快戒菸。

助動詞 should 之後應用原形動詞，而 quit「戒除」之後要
接動名詞做受詞，故選 (A) *quit smoking*「戒菸」。

* *in order to* + V 為了~      *keep good health* 保持健康
  suggest〔səg'dʒɛst〕v. 建議      *as soon as possible* 儘快

25. ( **A** ) 昨晚我在台北車站附近看見一場嚴重的車禍發生，而且真的很
可怕。

感官動詞 see 接受詞後，須接原形動詞或現在分詞表主動，
故選 (A) *happen*〔'hæpən〕v. 發生。

* serious〔'sɪrɪəs〕*adj.* 嚴重的
  terrifying〔'tɛrə,faɪɪŋ〕*adj.* 可怕的

26. ( **C** ) 我們向餐廳經理抱怨，他們的服務很差，而且廁所很髒。

(A) complete〔kəm'plit〕v. 完成

(B) compare〔kəm'pɛr〕v. 比較

(C) *complain*〔kəm'plen〕v. 抱怨

(D) command〔kə'mænd〕v. 命令；指揮

* manager〔'mænɪdʒə〕*n.* 經理
  restaurant〔'rɛstərənt〕*n.* 餐廳      service〔'sɝvɪs〕*n.* 服務
  poor〔pur〕*adj.* 差的      restroom〔'rɛst,rum〕*n.* 廁所
  dirty〔'dɝtɪ〕*adj.* 髒的

27. ( **A** ) 昨晚和你一起吃晚餐的那些學生來自英國。那就是為什麼他們明
顯有英國腔。

依句意，那些學生「來自英國，有英國腔」是事實，用現在
式，故選 (A) *come*。

* England〔'ɪŋglənd〕*n.* 英國      obvious〔'abvɪəs〕*adj.* 明顯的
  British〔'brɪtɪʃ〕*adj.* 英國的
  accent〔'æksɛnt〕*n.* 口音；腔調

28. (**D**) 伯朗先生已經八個月沒<u>休</u>過<u>假</u>了。他希望可以放假，陪陪他的家人。

   ***have/take*** + 時間 + ***off*** 表「休（多久）的假」，故選 (D)。

   * holiday〔'hɑlə‚de〕*n.* 假期    ***so that*** 以便於
   ***stay with*** *sb.* 陪某人    family〔'fæməlɪ〕*n.* 家人

29. (**D**) 我發現這個包裹和信件<u>被</u>郵差<u>送</u>到錯誤的地址。

   比過去式 found 先發生的動作，用「過去完成式」，依句意，
   須用被動語態，故選 (D) ***had been delivered***。
   deliver〔dɪ'lɪvɚ〕*v.* 遞送

   * ***find out*** 發現    package〔'pækɪdʒ〕*n.* 包裹
   address〔ə'drɛs〕*n.* 地址

30. (**A**) 政府應該採取措施來減少監獄的<u>人數</u>。

   (A) ***population***〔‚pɑpjə'leʃən〕*n.* 人口；監獄犯人
   (B) production〔prə'dʌkʃən〕*n.* 生產；製造
   (C) protection〔prə'tɛkʃən〕*n.* 保護
   (D) pollution〔pə'luʃən〕*n.* 污染

   * government〔'gʌvɚnmənt〕*n.* 政府
   measure〔'mɛʒɚ〕*n.* 措施    ***take measures*** 採取措施
   reduce〔rɪ'djus〕*v.* 減少    prison〔'prɪzn̩〕*n.* 監獄

31. (**D**) 你能問問傑瑞他<u>是否</u>收到了我的電子郵件嗎？我一直沒有得到他的回答。

   依句意，應該是問「是否」收到，故疑問詞用 ***whether***，
   選 (D)。
   * e-mail〔'i‚mel〕*n.* 電子郵件    reply〔rɪ'plaɪ〕*n.* 回答

32. (**B**) 沒有小心地四處看看就闖紅燈，對行人來說是件相當危險的事。

   (A) run after 追

(B) ***run through*** 闖越　***run through a red light*** 闖紅燈

(C) run into 偶然遇見　　　　(D) run away 逃跑

* quite〔kwaɪt〕*adv.* 相當地
dangerous〔'dendʒərəs〕*adj.* 危險的
pedestrian〔pə'dɛstrɪən〕*n.* 行人　***look around*** 環顧四週
carefully〔'kɛrfəlɪ〕*adv.* 小心地

33. ( **C** ) 最初看似簡單的事，往往後來變得困難。

　　***What*** 是複合關代，相當於 The thing which/that，引導名詞子句做整句話的主詞，故選 (C)。

　　* seem〔sim〕*v.* 似乎　***at first*** 起初
***turn out to be*** 結果變成　difficult〔'dɪfə,kʌlt〕*adj.* 困難的

34. ( **C** ) 醫生：疼痛持續多久了？
　　病人：大約一小時。

　　(A) It hurt badly 它很痛

　　(B) It was painful about three days ago 三天前很痛

　　(C) ***About an hour*** 大約一小時

　　(D) Every other day 每隔一天

　　* pain〔pen〕*n.* 疼痛　last〔læst〕*v.* 持續
hurt〔hɝt〕*v.* 痛　badly〔'bædlɪ〕*adv.* 劇烈地；嚴重地
painful〔'penfəl〕*adj.* 疼痛的

35. ( **C** ) 理查：你爸爸好嗎？
　　泰迪：他感冒好幾天了。

　　(A) He is reading a book 他正在看書

　　(B) He is a cook 他是位廚師

　　(C) ***He has had a cold for several days*** 他感冒好幾天了

　　(D) He's done it for a week 他做這件事已經做一星期了

　　* cook〔kʊk〕*n.* 廚師

第二部分：題組（第 36-60 題，共 25 題）

（36～39）

> 　　如果你想要和其他人維持友好關係，並且交朋友，你需要
> <u>費心</u>為別人做事——<u>需要</u>時間和精力的事。當溫莎公爵還是威爾
> 　36　　　　　　　　　 37
> 斯親王的時候，他預定遊覽南美洲。在他<u>出發</u>去那一趟旅行之
> 　　　　　　　　　　　　　　　　　　 38
> 前，他花了九個月<u>學</u>西班牙文，以便他能夠用該國的語言發表
> 　　　　　　　 39
> 公開談話，於是南美洲人因為這件事而愛戴他。

【註釋】

relationship〔rɪ'leʃənˌʃɪp〕 *n.* 關係　　***make friends*** 交朋友
energy〔'ɛnədʒɪ〕 *n.* 精力　　duke〔duk〕 *n.* 公爵
Windsor〔'wɪnzə〕 *n.* 溫莎
prince〔prɪns〕 *n.* 王子；（皇）太子；親王　　Wales〔welz〕 *n.* 威爾斯
***Prince of Wales*** 威爾斯親王【英國皇太子封號】
schedule〔'skɛdʒul〕 *v.* 排定　　tour〔tur〕 *v. n.* 遊覽
***South America*** 南美洲　　spend〔spɛnd〕 *v.* 花（時間）
Spanish〔'spænɪʃ〕 *n.* 西班牙文　　give〔gɪv〕 *v.* 發表
public〔'pʌblɪk〕 *adj.* 公開的　　language〔'læŋgwɪdʒ〕 *n.* 語言

36. ( **B** ) (A) pick *oneself* up　（某人倒下後）站起來
　　　　(B) ***put* *oneself* *out*** 費心；努力
　　　　(C) take off 脫掉；（飛機）起飛
　　　　(D) let *oneself* go 失去自制；盡情地做

37. ( **D** ) (A) waste〔west〕 *v.* 浪費　　(B) indicate〔'ɪndəˌket〕 *v.* 指出
　　　　(C) admire〔əd'maɪr〕 *v.* 欽佩；讚賞
　　　　(D) ***require*** 〔rɪ'kwaɪr〕 *v.* 需要

38. ( **B** ) (A) broke out 爆發　　　　(B) *started out* 出發
　　　　　 (C) stuck out 伸出；突出　　(D) figured out 了解

9. ( **A** )　spend + 時間 + (in) + V-ing 表「花時間做～」,故選 (A) *studying*。

（40～43）

> 　　根據新聞,癌症是我們可能會面對的最可怕的疾病之一。
> 然而科學家認為,大部分類型的癌症與我們個人的生活方式<u>有</u>
> <u>關</u>。這意味著你能夠藉由<u>在</u>你的生活方式做一些簡單的改變,
> 來減少你得到癌症的風險。必須要做的最重要的事,就是<u>停止</u>
> 抽煙。如果你不抽煙,就不要開始抽。抽煙是癌症的首要原因。
> 　　另外,藉由減少你所吃的脂肪的量,以及在你的飲食中增
> 加蔬菜、水果,和高纖維食物的量。<u>此外</u>,你別喝太多酒,以
> 及試著維持你的體重是非常重要的。

（數字標記：40、40、41、42、43）

## 【註釋】

*acording to* 根據　　news〔njuz〕*n.* 新聞
cancer〔'kænsɚ〕*n.* 癌症　　frightening〔'fraɪtn̩ɪŋ〕*adj.* 可怕的
face〔fes〕*v.* 面對　　scientist〔'saɪəntɪst〕*n.* 科學家
believe〔bə'liv〕*v.* 相信;認為　　kind〔kaɪnd〕*n.* 種類
personal〔'pɝsn̩l〕*adj.* 個人的　　lifestyle〔'laɪf͵staɪl〕*n.* 生活方式
mean〔min〕*v.* 意思是　　reduce〔rɪ'djus〕*v.* 減少
risk〔rɪsk〕*n.* 風險　　simple〔'sɪmpl̩〕*adj.* 簡單的
change〔tʃendʒ〕*n.* 改變　　way〔we〕*n.* 方式
important〔ɪm'pɔrtn̩t〕*adj.* 重要的　　smoking〔'smokɪŋ〕*n.* 抽煙
smoke〔smok〕*v.* 抽煙　　start〔stɑrt〕*v.* 開始

top〔tɑp〕*adj.* 首位的　　cause〔kɔz〕*n.* 原因
besides〔bɪ'saɪdz〕*adv.* 此外　　modify〔'mɑdə,faɪ〕*v.* 調整
diet〔'daɪət〕*n.* 飲食　　amount〔ə'maʊnt〕*n.* 量
fat〔fæt〕*n.* 脂肪　　increase〔ɪn'kris〕*v.* 增加
vegetable〔'vɛdʒətəbḷ〕*n.* 蔬菜　　fiber〔'faɪbɚ〕*n.* 纖維
alcohol〔'ælkə,hɔl〕*n.* 酒　　***keep down*** 不增加；限制
weight〔wet〕*n.* 體重

40. ( **B** ) (A) be in contrast to 與…成對比；和…大不相同
　　　(B) ***be related to*** 和～有關
　　　(C) be conditioned to 習慣於
　　　(D) be infected with 感染

41. ( **C** ) 「在…之中」，介系詞用 ***in***，故選 (C)。

42. ( **B** ) The most important thing to do is ( to ) V. 「所必須做的
　　　最重要的事就是」，故選 (B) ***stop***。

43. ( **A** ) (A) ***In addition*** 此外　　　(B) Owing to 由於
　　　(C) As a result 因此　　　(D) That is to say 也就是說

( 44～46 )

---

## 柳橙果園

摘你自己的水果

現在有柳橙

從三月十八日到四月十八日

（有提供容器）

每磅四點五美元

十磅或以上，每磅三點五美元

---

從早上八點營業至晚上八點

**柳橙果園**

台中以南五英里

下七十八號公路

（週末不營業）

---

【註釋】

orange〔ˈɔrɪndʒ〕n. 柳橙　　orchard〔ˈɔrtʃəd〕n. 果園
pick〔pɪk〕v. 摘；採　　own〔on〕adj. 自己的
available〔əˈveləbl〕adj. 可獲得的　　container〔kənˈtenə〕n. 容器
provide〔prəˈvaɪd〕v. 提供　　libra〔ˈlaɪbrə〕n. 磅（= lb.）
open〔ˈopən〕adj.（商店）開著的；營業中的　　mile〔maɪl〕n. 英里
off〔ɔf〕prep. 離開…　　highway〔ˈhaɪˌwe〕n. 公路
closed〔klozd〕adj. 停止營業的　　weekend〔ˈwikˈɛnd〕n. 週末

44. ( **D** ) 柳橙果園什麼時候營業？

   (A) 每天。     (B) 星期天。
   (C) 一週六天。    (D) <u>星期一到星期五。</u>

45. ( **A** ) 如果你採了二十磅的柳橙，你要付多少錢？

   (A) <u>七十美元。</u>    (B) 七十五美元。
   (C) 九十美元。    (D) 九十五美元。

   * pay〔pe〕v. 支付

46. ( **C** ) 以下何者為真？

   (A) 柳橙果園整個春天都在賣柳橙。
   (B) 你必須隨身攜帶你自己的容器。
   (C) <u>柳橙果園一天營業十二小時。</u>
   (D) 台中在柳橙果園以南五英里。

   * sell〔sɛl〕v. 賣　　bring〔brɪŋ〕v. 帶來

（47～49）

---

# 聖地牙哥餐廳

## 🍴🍴 菜單 🍴🍴

### 今日特餐

☆ 炸雞　　　　　　　　　　新台幣三百元

☆ 菲力牛排　　　　　　　　新台幣三百五十元

☆ 千層麵　　　　　　　　　新台幣兩百五十元

☆ 海鮮拼盤　　　　　　　　新台幣兩百五十元

　　搭配供應：鮮果沙拉

　　　　　　　酥皮濃湯

　　　　　　　飯、麵包、或薯條

　　　　　　　可供選擇的飲料

---

【註釋】

San Diego〔ˌsændiˈego〕n. 聖地牙哥【美國加州的城市】
menu〔ˈmɛnju〕n. 菜單　special〔ˈspɛʃəl〕n. 特餐
fry〔fraɪ〕v. 油炸　fillet〔ˈfɪlɪt〕n.（牛的）里肌肉
**fillet steak** 菲力牛排　lasagna〔ləˈzænjə〕n. 千層麵
seafood〔ˈsiˌfud〕n. 海鮮　plate〔plet〕n. 盤子
serve〔sɝv〕v. 供應　fresh〔frɛʃ〕adj. 新鮮的
salad〔ˈsæləd〕n. 沙拉　puff〔pʌf〕n. 泡芙
pastry〔ˈpestrɪ〕n. 麵糊；餡餅皮　**puff pastry** 酥皮
rice〔raɪs〕n. 米飯　**French fries** 薯條
choice〔tʃɔɪs〕n. 選擇　drink〔drɪŋk〕n. 飲料

47. ( **C** ) 你點了牛排配麵包。你還必須告訴服務生什麼事?

    (A) 你想要飯或薯條。      (B) 你比較喜歡麵包或湯。

    (C) <u>你想要喝什麼。</u>      (D) 你想要什麼樣的甜點。

    * order〔ˋɔrdɚ〕v. 點 ( 餐 )    waiter〔ˋwetɚ〕n. 服務生
    prefer〔prɪˋfɝ〕v. 比較喜歡    dessert〔dɪˋzɝt〕n. 甜點

48. ( **D** ) 茱單上沒有包含什麼?

    (A) 肉食菜餚。      (B) 麵食菜餚。

    (C) 可供選擇的餐點。      (D) <u>可供選擇的甜點。</u>

    * include〔ɪnˋklud〕v. 包括;包含    meat〔mit〕n. 肉
    dish〔dɪʃ〕n. 菜餚    pasta〔ˋpɑstə〕n. 麵食
    meal〔mil〕n. 餐點

49. ( **A** ) 阿曼達和克魯斯在這家餐廳吃晚餐。當他們用完餐,帳單是新台
幣五百五十元。他們很可能吃什麼當晚餐?

    (A) <u>炸雞和千層麵。</u>      (B) 炸雞和菲力牛排。

    (C) 菲力牛排和海鮮拼盤。      (D) 兩客菲力牛排。

    * have〔hæv〕v. 吃;喝    finish〔ˋfɪnɪʃ〕v. 完成;吃完
    bill〔bɪl〕n. 帳單    probably〔ˋprɑbəblɪ〕adv. 可能

(50~52)

>     我們大部分的人都知道,交通號誌燈是用來告訴人們,什
> 麼時候穿越馬路,或駕駛他們的車子是安全的。但是你知道世
> 界上的第一個交通號誌燈,是在汽車被使用前,就產生了嗎?
>
>     大多數的交通號誌有兩個燈號──紅燈的意思是停來,而
> 綠燈的意思是可以走。為了使色盲人士更加安全,一些橘色被
> 加到紅燈裡,而一些藍色被加到綠燈裡。那樣一來,有紅綠色
> 色盲的人就可以看懂交通號誌燈。

## 【註釋】

light〔laɪt〕n. 號誌燈    safe〔sef〕adj. 安全的
cross〔krɔs〕v. 穿越    *come into being* 開始存在；產生
*in use* 使用中    colorblind〔'kʌlə,blaɪnd〕adj. 色盲的
add〔æd〕v. 加入；添加 < *up* >
colorblindness〔'kʌlə,blaɪndnɪs〕n. 色盲

50.(**A**) 這篇文章是關於什麼？

(A) 它是關於交通號誌燈和它們的顏色。

(B) 它是關於汽車和駕駛的歷史。

(C) 它是關於如何安全地穿越馬路。

(D) 它是關於色盲的人。

\* reading〔'ridɪŋ〕n. 文章    safely〔'seflɪ〕adv. 安全地

51.(**D**) 紅綠色色盲的人會有什麼問題？

(A) 他們只喜歡橘色和藍色。

(B) 他們無法學習如何開車。

(C) 他們完全無法看到任何顏色。

(D) 綠色和紅色看起來一樣。

\* *be able to* V 能夠～    look〔lʊk〕v. 看起來
*the same* 相同的

52.(**A**) 世界上的第一個交通號誌燈_____。

(A) 在有任何汽車之前就被製成

(B) 是被一個色盲的人所製成

(C) 有四個燈號──紅色、橘色、藍色和綠色

(D) 告訴人們什麼時候開車是安全的

\* show〔ʃo〕v. 告知；使明白

（53～55）

> 　　賴醫師是高雄的精神科醫師。他成為一位精神科醫師，因為他對這個有興趣，而且他想要賺一大筆錢，所以他非常努力工作。他只想著他的工作，而那樣導致一些嚴重的問題。
>
> 　　賴醫師大約月入三十萬元，但是他很少看到他的家人。他通常早上七點之前就在診所，然後工作到晚上八或九點。他一天差不多看十位病人，而且他一週六天都這樣做。他教病人如何釋放壓力並且保持好心情。當他回到家，他太疲累而無法思考其他的任何事情。
>
> 　　今年夏天，賴醫師要去這七年來的首次度假。他和他的妻子與孩子要去義大利兩週。他不是真的想要去，但是他的妻子告訴他，如果他不去，她就會離開他。賴醫師只能想到他不能照顧到的病人，以及他會損失的錢。他從來不想其他的任何事情。

## 【註釋】

*Dr*. 醫生（= doctor）

psychiatrist〔saɪˈkaɪətrɪst〕*n.* 精神科醫師；心理醫生

become〔bɪˈkʌm〕*v.* 成為　　*be interested in* 對～有興趣

sum〔sʌm〕*n.* 金額　　cause〔kɔz〕*v.* 引起；導致

scarcely〔ˈskɛrslɪ〕*adv.* 幾乎不　　*scarcely ever* 很少

office〔ˈɔfɪs〕*n.* 辦公室；診所　　release〔rɪˈlis〕*v.* 釋放

stress〔strɛs〕*n.* 壓力　　stay〔ste〕*v.* 保持　　mood〔mud〕*n.* 心情

*too ～to*… 太～以致於不…　　*go on a vacation* 去度假

*take care of* 照顧　　lose〔luz〕*v.* 失去；損失

53. ( **B** ) 賴醫師有問題，因為＿＿＿＿＿＿。

    (A) 他不喜歡他的工作　　(B) 他只能想到他的工作

    (C) 他沒有賺很多錢　　(D) 他花了太多時間陪家人

54.（**D**）*scarcely* 這個字可以用＿＿＿＿＿＿取代。

      （A) 非常　　　　　　　　　（B) 通常

      （C) 密切地　　　　　　　　（D) <u>幾乎不</u>

      * closely〔'kloslɪ〕*adv.* 密切地

55.（**C**）賴醫師的妻子會離開他，如果他沒有＿＿＿＿＿＿＿＿。

      （A) 每天晚上早點回家　　　（B) 賺更多錢

      （C) <u>和他的家人去義大利旅行</u>

      （D) 在七點之前去診所

      * trip〔trɪp〕*n.* 旅行　　　***take a trip*** 去旅行

（56～57）

馬汀KTV　免費贈送的歌唱折價券

$ 300

這張折價券的使用規則：

1. 自十二月一日星期天至十二月三十日星期一有效。

2. 這張折價券在假日或假日前一天無效。（包括聖誕節）

3. 用這張折價券付帳單。

4. 你不能將這張折價券和其他種類的折價券一起使用。

【註釋】

   complimentary〔ˌkɑmplə'mɛntərɪ〕*adj.* 免費的；贈送的

   coupon〔'kupɑn〕*n.* 折價券；優待券　　　rule〔rul〕*n.* 規則；規定

   valid〔'vælɪd〕*adj.* 有效的　　　use〔juz〕*v.* 使用

   toward〔tord〕*prep.* 用於

56. ( **C** ) 這張折價券在哪一天無效？

    (A) 十二月一日。        (B) 十二月十日。

    (C) <u>十二月二十四日。</u>    (D) 十二月三十日。

57. ( **C** ) 你不能用這張折價券做什麼？

    (A) 在十二月二十九日使用它。

    (B) 用它來付在 KTV 的飲料。

    (C) <u>和一張免費飲料的優待券合併使用。</u>

    (D) 用它來付在馬汀 KTV 的三百元帳單。

    * combine〔kəm'baɪn〕*v.* 結合    free〔fri〕*adj.* 免費的

（58～60）

> 亞倫星期天早上很晚才醒來。他在餐廳桌上發現一張留給他的紙條。
>
> > 親愛的亞倫：
> >
> > 因為你還在睡覺，
> >
> > 我就獨自前往教堂。
> >
> > 我會在禮拜後，
> >
> > 去和朋友們午餐聚會。
> >
> > 我想要直到傍晚，
> >
> > 我才能回家。
> >
> > 如果你餓了，
> >
> > 冰箱裡有麵包。
> >
> > （用微波，三分鐘!!）
> >
> > 愛你的，
> >
> > 媽咪　早上八點半

## 【註釋】

**wake up** 醒來　　late〔let〕*adv.* 遲；晚　　find〔faɪnd〕*v.* 發現

note〔not〕*n.* 紙條　　**leave for** 動身前往　　church〔tʃɝtʃ〕*n.* 教堂

**on** *one's* **own** 獨自　　**lunch meeting** 午餐聚會

service〔'sɝvɪs〕*n.* 禮拜；儀式　　guess〔gɛs〕*v.* 猜想；認為

**not…until** ～ 直到～才…　　hungry〔'hʌŋgrɪ〕*adj.* 飢餓的

bread〔brɛd〕*n.* 麵包　　refrigerator〔rɪ'frɪdʒə͵retə〕*n.* 冰箱

microwave〔'maɪkrə͵wev〕*n.* 微波

58.（ **B** ）亞倫沒有和他媽媽去教堂，因為＿＿＿＿＿＿

(A) 他不想去。　　　　　(B) 他太晚起床。

(C) 他的媽媽不想要他去。

(D) 他要和他的朋友們去吃午餐。

\* have〔hæv〕*v.* 吃；喝

59.（ **B** ）為什麼這位媽媽會晚回家？

(A) 她想要在禮拜之後去購物。

(B) 她必須在禮拜之後和她的朋友們碰面吃午餐。

(C) 禮拜將到晚上七點才結束。

(D) 她生亞倫的氣，所以不想回家。

\* **go shopping** 去購物　　meet〔mit〕*v.* 和～會面

**come to an end** 結束　　**be angry at** 生…的氣

60.（ **A** ）如果亞倫餓了，他該做什麼？

(A) 在微波爐中加熱麵包三分鐘然後吃掉。

(B) 等到他的媽媽回家。

(C) 他自己在微波爐中做一條麵包。

(D) 去麵包店買一些麵包。

\* heat〔hit〕*v.* 加熱　　oven〔'ʌvən〕*n.* 爐子；烤箱

**microwave oven** 微波爐　　loaf〔lof〕*n.*（一條）麵包

**by** *oneself* 自己　　bakery〔'bekərɪ〕*n.* 麵包店

# TEST 6 詳解

## 聽力測驗（第 1-20 題，共 20 題）

第一部分：辨識句意（第 1-3 題，共 3 題）

1. ( **C** ) (A)  (B)  (C)

Tina is crying because of the onions. 蒂娜因洋蔥而哭。

\* ***because of*** 因為　　onion〔ˋʌnjən〕*n.* 洋蔥

2. ( **B** ) (A)  (B)  (C)

The homeless man is sleeping on the bench in the park.

流浪漢睡在公園裡的長椅上。

\* homeless〔ˋhomlɪs〕*adj.* 無家可歸的　　bench〔bɛntʃ〕*n.* 長椅

3. ( **A** ) (A)  (B)  (C)

The girls are running a race fiercely.

女孩們正激烈地在賽跑。

\* ***run a race*** 賽跑　　fiercely〔'fɪrslɪ〕 *adj.* 激烈的；猛烈的

## 第二部分：基本問答（第 4-10 題，共 7 題）

4. ( **C** ) These Puma sports shoes are too tight for me.

這雙 Puma 運動鞋對我來說太緊了。

(A) How big do you want it? 你要多大的？

(B) They look like they're falling. 他們看起來要掉下去了。

(C) Try this pair and see if they are better.

<u>試試看這雙是否好一點。</u>

\* ***sports shoes*** 運動鞋　　tight〔taɪt〕 *adj.* 緊的

fall〔fɔl〕 *v.* 掉落　　pair〔pɛr〕 *n.* 一雙

5. ( **B** ) When do you study English? 你何時讀英文？

(A) I studied English in America. 我在美國學習英文。

(B) I go to English class twice a week.

<u>我一個禮拜上兩次英文課。</u>

(C) I did well on the test. 我考試考得很好。

\* twice〔twaɪs〕 *adv.* 兩次　　***do well*** 表現好；考得好

6. ( **A** ) The new roommate next to my bedroom is playing loud music again. 我隔壁房間的新室友又播放很大聲的音樂。

(A) That's going too far. <u>真的太過分了。</u>

(B) I'm sorry I don't play well. 我很抱歉我沒有彈得很好。

(C) Let's listen to some music. 讓我們聽一些音樂吧。

\* roommate〔'rum,met〕 *n.* 室友

bedroom〔'bɛd,rum〕 *n.* 臥室

play〔ple〕 *v.* 播放；演奏　　loud〔laʊd〕 *adj.* 大聲的

***go too far*** （事情）太過分

7. ( **A** ) How is Tiffany doing at her new job?

蒂芬妮新的工作做得如何？

(A) She likes it a lot. 她非常喜歡那份工作。

(B) She is the newest employee. 她是最新的員工。

(C) I don't know how she made it. 我不知道她如何辦到的。

* employee〔͵ɛmplɔɪˈi〕 *n.* 員工　***make it*** 成功；辦到

8. ( **A** ) Can you tell me where the closest pay phone is?

你可以告訴我最近的公共電話在哪裡嗎？

(A) There's a phone outside of the post office.

郵局外面有公共電話。

(B) Don't worry. You can use my phone card.

別擔心。你可以用我的電話卡。

(C) My cell phone is lost. 我手機不見了。

* ***pay phone*** 公共電話　***outside of*** 在…外面（ = *outside* ）
***post office*** 郵局　***phone card*** 電話卡　***cell phone*** 手機
lost〔lɔst〕 *adj.* 遺失的

9. ( **C** ) Are you looking forward to your trip to Macao?

你期待去澳門旅行嗎？

(A) Yeah, I love Asian. 是的，我喜歡亞洲人。

(B) Are you going today? 你今天要去嗎？

(C) Yeah, I'm too excited to sleep. 是的，我興奮到睡不著。

* ***look forward to*** 期待　Macao〔məˈkau〕 *n.* 澳門
yeah〔jɛ〕 *adv.* 是的（ = *yes* ）　Asian〔ˈeʃən〕 *n.* 亞洲人
***too…to*** 太…以致於不～　excited〔ɪkˈsaɪtɪd〕 *adj.* 興奮的

10. ( **B** ) Sorry, I've got to run. May I call you back later?

抱歉，我要趕快走了。我可以晚點打給你嗎？

(A) But I'm late. 但我遲到了。

(B) Around what time? 大約幾點？

(C) It's for you. 這是給你的。

\* **have got to** 必須（= *have to*）　　run〔rʌn〕*v.* 趕快
　　later〔'letɚ〕*adv.* 待會　　around〔ə'raʊnd〕*prep.* 大約

## 第三部分：言談理解（第 11-20 題，共 10 題）

11. ( **A** )　W：Did you finish the homework?

女：你功課做完了嗎？

M：All except for the Spanish homework.

男：全部做好了，除了西班牙文作業。

W：I finished it last night. I can help you if you like.

女：我昨晚就做完了。我可以幫助你，如果你想要的話。

M：Sounds great. Let's work on it during lunch.

男：聽起來很棒。那我們吃午餐時來做吧。

Question：What will the girl do? 這位女孩將要做什麼？

(A) She will help the boy with his homework.

她將幫助這位男孩做他的作業。

(B) She will treat the boy to lunch.

她將請這位男孩吃午餐。

(C) She will finish her Spanish homework.

她將做完她的西班牙文作業。

\* finish〔'fɪnɪʃ〕*v.* 做完
　homework〔'hom,wɝk〕*n.* 功課；家庭作業
　**except for** 除了…之外　　Spanish〔'spænɪʃ〕*n.* 西班牙文
　sound〔saʊnd〕*v.* 聽起來　　great〔gret〕*adj.* 很棒的
　**work on** 致力於　　during〔'djʊrɪŋ〕*prep.* 在…期間
　treat〔trit〕*v.* 請客　　**treat sb. to lunch** 請某人吃午餐
　**help sb. with sth.** 幫助某人某事

12. ( **B** )  W : Excuse me, do you know if there's a bus that goes to Taipei 101 from here?

女：不好意思，你知道這裡是否有公車到台北 101 嗎？

M : You can take the number 518, which stops right in front of the KFC outside our main entrance.

男：你可以搭乘 518 號公車，它的站牌就在我們公司大門外肯德基的前面。

W : Great, thanks. I don't really feel like waiting for a bus. We had so many meetings today and I'm too tired. I'll jump in a cab. See you tomorrow!

女：太好了，謝謝。我真的不想要等公車。我們今天開了好多會議，而且我很累。我要搭計程車。明天見！

Question : What may be the relationship between the two speakers?

這兩位說話者之間可能是什麼關係？

(A) They are two strangers who met on the street.

他們是在街上遇到的兩個陌生人。

(B) They work at the same company.

<u>他們在同一家公司工作。</u>

(C) They are a passenger and a driver. 他們是乘客和司機。

* take〔tek〕*v.* 搮乘　　***in front of*** 在～前面
outside〔'aut,saɪd〕*prep.* 在…外面　　main〔men〕*adj.* 主要的
entrance〔'ɛntrəns〕*n.* 入口；大門　　***feel like* + *V-ing*** 想要～
meeting〔'mitɪŋ〕*n.* 會議　　tired〔taɪrd〕*adj.* 疲憊的；累的
***jump in*** 跳入；一步進入（車）
cab〔kæb〕*n.* 計程車（= *taxi*）
relationship〔rɪ'leʃən,ʃɪp〕*n.* 關係
stranger〔'strendʒɚ〕*n.* 陌生人　　meet〔mit〕*v.* 遇見
company〔'kʌmpənɪ〕*n.* 公司　　passneger〔'pæsn̩dʒɚ〕*n.* 乘客
driver〔'draɪvɚ〕*n.* 司機

13. ( **B** )　W：Do you want to go to play volleyball?

　　　　女：你想要去打排球嗎？

　　　　M：All right.　But we'll have to hurry.

　　　　男：好。但我們必須快一點。

　　　　W：Why?

　　　　女：為什麼？

　　　　M：Because the gym closes at 9:00 tonight.

　　　　男：因為體育館今晚九點就關了。

　　　　Question：What time did this conversation take place?

　　　　　　　　這個對話是在幾點發生的？

　　　　(A) 9:00 pm.　晚上九點。

　　　　(B) 8:00 pm.　晚上八點。

　　　　(C) 8:30 am.　早上八點半。

　　　　* volleyball〔'vɑlɪ,bɔl〕*n.* 排球　　hurry〔'hɝɪ〕*v.* 趕快
　　　　gym〔dʒɪm〕*n.* 體育館　　conversation〔,kɑnvɚ'seʃən〕*n.* 對話
　　　　***take place*** 發生　　***pm*** 下午　　***am*** 上午

14. ( **B** )　W：How will you get to Tainan?

　　　　女：你要怎麼去台南？

　　　　M：Maybe I'm going to fly.

　　　　男：可能搭飛機。

　　　　W：Isn't that very expensive?

　　　　女：那不是很貴嗎？

　　　　M：A little, but it's much faster.

　　　　男：一點點，但快多了。

　　　　W：I would rather save money than time.

　　　　女：我寧願省錢，也不要省時間。

　　　　Question：How would the woman prefer to go to Tainan?

　　　　　　　　這位女士比較想要如何去台南？

(A) She would take a plane. 她要搭飛機。

(B) She would take a bus. 她要搭巴士。

(C) She would go the fastest way possible.

她要以最快到達的方式前往。

\* **get to** 到達　　maybe〔'mebɪ〕 *adv.* 可能
fly〔flaɪ〕 *v.* 搭飛機　　expensive〔ɪk'spɛnsɪv〕 *adj.* 昂貴的
**a little** 一點　　**would rather** 寧願　　save〔sev〕 *v.* 節省
prefer〔prɪ'fɝ〕 *v.* 比較喜歡　　plane〔plen〕 *n.* 飛機
possible〔'pɑsəbḷ〕 *adj.* 可能的

15. ( **C** ) W：Did you see that horror film on television last night?

女：你昨晚有看電視上的恐怖電影嗎？

M：I would have watched it, but my aunt stopped by for
a visit.　I hadn't seen her for more than two years.

男：我原本要看，但我阿姨順路來探望我。我已經兩年多沒見到
她了。

Question：Why didn't the man watch the film last night?

這位男士爲何昨晚沒看電影？

(A) His aunt stopped to buy something.

他阿姨停下來買東西。

(B) He had already seen it.　他已經看過了。

(C) His aunt paid him a visit.　他阿姨來拜訪他。

\* horror〔'hɑrɚ〕 *n.* 恐怖　　film〔fɪlm〕 *n.* 電影
**horror film** 恐怖片　　**stop by** 順道拜訪
**pay** *sb.* **a visit** 拜訪某人　　visit〔'vɪsɪt〕 *n.* 拜訪

16. ( **A** ) W：Did you go to the supermarket?

女：你有去超級市場了嗎？

M：No, but it's on my to-do list.

男：沒有，但有列在我的待辦清單上。

W : Well, don't forget. We really need some supplies, and a typhoon is coming tomorrow.

女：嗯，別忘了。我們真的需要一些補給品，而且颱風明天就要來了。

Question : What does the woman imply?

　　　　這位女士在暗示什麼？

(A) The man always forgets to do things which are on his to-do list. 這位男士總是忘記做待辦清單上的事。

(B) The man will be able to buy things in the supermarket tomorrow. 這位男士明天可以去超級市場買東西。

(C) He will buy enough things tomorrow.

　　 這位男士明天將會買足夠的東西。

\* supermarket〔ˈsupɚˌmɑrkɪt〕n. 超級市場　　**to-do list** 代辦清單
supplies〔səˈplaɪz〕n. pl. 補給品　　typhoon〔taɪˈfun〕n. 颱風
imply〔ɪmˈplaɪ〕v. 暗示　　forget〔fɚˈɡɛt〕v. 忘記
**be able to V** 能夠　　enough〔əˈnʌf〕adj. 足夠的

17. ( **B** ) W : Fill it up with regular and check the oil, please.

女：麻煩普通汽油加滿，並檢查一下機油。

M : Right away, Miss.

男：馬上好，小姐。

Question : Where did this conversation probably take place? 這個對話最有可能發生在何處？

(A) At a grocery store. 在雜貨店。

(B) At a gas station. 在加油站。

(C) At a doctor's office. 在醫生的診所。

\* **fill up** 加滿；裝滿　　regular〔ˈrɛɡjələ〕n. 普通汽油
**check the oil** 檢查機油　　**right away** 立刻；馬上
**take place** 發生　　grocery〔ˈɡrosərɪ〕n. 雜貨
**gas station** 加油站　　office〔ˈɔfɪs〕n. 診所

18. ( **C** ) W : What are you going to have?

女：你要吃什麼？

M : Actually, I can't make up my mind. Both sirloin steak and seafood lasagna sound good.

男：事實上，我無法決定。沙朗牛排和海鮮千層麵聽起來都不錯。

W : I'd get the seafood lasagna if I were you. The sirloin isn't really enough to fill you up.

女：如果我是你，我會點海鮮千層麵。沙朗牛排真的不夠填飽你。

Question : Why does the woman recommend the seafood lasagna? 爲何這位女士推薦海鮮千層麵？

(A) The seafood lasagna is the most filling dish on the menu. 海鮮千層麵是菜單上最可以填飽肚子的餐點。

(B) She feels the seafood lasagna is too special to refuse. 她認爲海鮮千層麵太特別，以致於無法拒絕它。

(C) She thinks the sirloin steak is too small. 她認爲沙朗牛排太小了。

* ***make up*** *one's **mind*** 下定決心
    sirloin〔'sɝlɔɪn〕*n.* 沙朗【牛腰肉上部（爲最好吃的部份）】
    steak〔stek〕*n.* 牛排　　***sirloin steak*** 沙朗牛排
    seafood〔'si,fud〕*n.* 海鮮
    lasagna〔lə'zɑnjə〕*n.* （義大利）千層麵
    ***seafood lasagna*** 海鮮千層麵
    recommend〔,rɛkə'mɛnd〕*v.* 推薦
    filling〔'fɪlɪŋ〕*adj.* 填飽肚子的　　dish〔dɪʃ〕*n.* 菜餚
    menu〔'mɛnju〕*n.* 菜單　　***too…to*** 太…以致於不
    special〔'spɛʃəl〕*adj.* 特別的　　refuse〔rɪ'fjuz〕*v.* 拒絕

19. ( **A** ) M : Tell me about your trip to Rome.

男：告訴我你的羅馬之旅。

W : Well, we walked a lot, visited many historic
monuments and finished up at a great restaurant.

女：嗯，我們走了很多路，參觀了很多歷史上著名的紀念碑，
最後去了一家不錯的餐廳。

Question : What is the woman talking about?

這位女士在談論什麼？

(A) A trip she has already taken. 一趟她已經去過的旅程。

(B) A trip she takes frequently. 一趟她經常去的旅程。

(C) A famous statue in Rome. 一個羅馬有名的雕像。

* historic〔hɪsˈtɔrɪk〕*adj.* 歷史上有名的
monument〔ˈmɑnjəmənt〕*n.* 紀念碑　***finish up*** 結束
***take a trip*** 去旅行　frequently〔ˈfrikwəntlɪ〕*adv.* 經常
famous〔ˈfeməs〕*adj.* 有名的
statue〔ˈstætʃʊ〕*n.* 雕像　Rome〔rom〕*n.* 羅馬

20. ( **A** ) W : I really love romance novels, don't you?

女：我真的很喜歡愛情小說，你不喜歡嗎？

M : Well, everyone to his own taste, I guess.

男：嗯，我想人各有所好。

Question : What does the man mean?

這位男士的意思是什麼？

(A) He doesn't like romance novels. 他不喜歡愛情小說。

(B) He loves romance novels as much as the woman does.

他和這位女士一樣喜歡愛情小說。

(C) Everyone enjoys romance novels.

每個人都喜歡愛情小說。

* romance〔roˈmæns〕*n.* 羅曼史；愛情故事
novel〔ˈnɑvl̩〕*n.* 小說　***romance novel*** 愛情小說
***Everyone to his taste.***【諺】人各有所好。
taste〔test〕*n.* 品味；愛好　enjoy〔ɪnˈdʒɔɪ〕*v.* 喜歡

## 閱讀測驗（第 21-60 題，共 40 題）

**第一部分：單題（第 21-35 題，共 15 題）**

21. ( **B** ) 自從張先生得知自己罹患肝癌後，他一直努力試圖去<u>對抗</u>它。他從沒想過要放棄。

    (A) punish〔'pʌnɪʃ〕*v.* 處罰

    (B) ***fight***〔faɪt〕*v.* 對抗

    (C) pass〔pæs〕*v.* 通過

    (D) reduce〔rɪ'djus〕*v.* 減少

    * learn〔lɜn〕*v.* 知道    liver〔'lɪvə〕*n.* 肝

      cancer〔'kænsə〕*n.* 癌症    ***liver cancer*** 肝癌

      ***try hard*** 努力    ***think of*** 想到    ***give up*** 放棄

22. ( **A** ) 當我男友要求我嫁給他時，我無法用語言來<u>描述</u>我的感覺。

    (A) ***describe***〔dɪ'skraɪb〕*v.* 描述

    (B) pronounce〔prə'naʊns〕*v.* 發音

    (C) discover〔dɪ'skʌvə〕*v.* 發現

    (D) prescribe〔prɪ'skraɪb〕*v.* 規定；開藥方

    * words〔wɜdz〕*n. pl.* 言語；話    feeling〔'filɪŋ〕*n.* 感覺

      marry〔'mærɪ〕*v.* 和…結婚

23. ( **C** ) 一年一度的國際<u>書展</u>將於 1 月 16 至 18 日舉行。那裏的書應有盡有。

    (A) bookstore〔'bʊk‚stor〕*n.* 書店

    (B) library〔'laɪ‚brɛrɪ〕*n.* 圖書館

    (C) ***book fair*** 書展    fair〔fɛr〕*n.* 展覽會

    (D) supermarket〔'supə‚markɪt〕*n.* 超市

    * annual〔'ænjʊəl〕*adj.* 一年一度的

      international〔‚ɪntə'nɛʃənḷ〕*adj.* 國際的

      hold〔hold〕*v.* 舉行    kind〔kaɪnd〕*n.* 種類

24. ( **A** ) 我<u>以前喝很多酒</u>，但現在沒有了。我想要活得更久、更健康。

> used to V. 以前
> be used to V-ing 習慣於
>
> 依句意，選 (A) ***used to drink a lot***。drink〔drɪŋk〕*v.* 喝酒
> * ***live a ~life*** 過~生活　　healthy〔'hɛlθɪ〕*adj.* 健康的

25. ( **B** ) 麥克斯是一位<u>勤奮的</u>工作者，他理應被升遷。

> (A) careless〔'kɛrlɪs〕*adj.* 不小心的；粗心的
> (B) ***diligent***〔'dɪlədʒənt〕*adj.* 勤奮的
> (C) independent〔ˌɪndɪ'pɛndənt〕*adj.* 獨立的
> (D) brave〔brev〕*adj.* 勇敢的
> * deserve〔dɪ'zɝv〕*v.* 應得　　promotion〔prə'moʃən〕*n.* 升遷

26. ( **D** ) 沒有詢問過，不可以拿走不<u>屬於</u>你的東西。這樣的行為會被稱作竊盜。

> (A) leave for 動身前往（= ***depart for*** = ***head for***）
> (B) buy for 買給…　　(C) owned by 為…所擁有
> (D) ***belong to*** 屬於
> * ***take away*** 拿走　　theft〔θɛft〕*n.* 竊盜

27. ( **B** ) 結交更多的朋友和體驗新事物可以讓你的生活<u>更加有趣</u>。

> ***much*** 修飾比較級，故選 (B)。而 (A) 須改為 funnier「更有趣」，(C) 須改為 even more colorful「更加多彩多姿」，(D) 須改為 more wonderful「更棒」，才能選。
> * ***make friends*** 交朋友　　experience〔ɪk'spɪrɪəns〕*v.* 體驗

28. ( **A** ) 那輛新跑車<u>花了</u>我所有積蓄，所以現在我買不起任何奢侈品。

> 「物 + ***cost*** + 人 + 錢」表「某物花了某人多少錢」，故選 (A)。
> * ***sports car*** 跑車　　savings〔'sevɪŋz〕*n. pl.* 儲蓄
> afford〔ə'ford〕*v.* 負擔得起　　luxury〔'lʌkʃərɪ〕*n.* 奢侈品

29. ( **A** ) 如果你想實現你的願望並美夢成眞，你必須運用你的<u>想像力</u>。

(A) **imagination**〔ɪˌmædʒə'neʃən〕 n. 想像力

(B) population〔ˌpɑpjə'leʃən〕 n. 人口

(C) indication〔ˌɪndə'keʃən〕 n. 指示

(D) admiration〔ˌædmə'reʃən〕 n. 讚賞

\* realize〔'rɪəˌlaɪz〕 v. 實現      desire〔dɪ'zaɪr〕 n. 願望；慾望
**come true** 實現；成眞
exercise〔'ɛksəˌsaɪz〕 v. 運用 ( 想像力 )

30. ( **C** ) 班機再過五分鐘就要<u>起飛</u>了。還沒登機的乘客請趕快登機。

(A) turn off 關掉 ( 電器 )        (B) put off 拖延

(C) **take off** 起飛；脫掉 ( 衣服 )

(D) call off 取消 ( = *cancel* )

\* flight〔flaɪt〕 n. 班機      in〔ɪn〕 prep. 再過…
**not yet** 尚未      board〔bord〕 v. 登機
immediately〔ɪ'midɪɪtlɪ〕 adv. 立刻

31. ( **B** ) 這個村莊的人數已從三百人<u>減少</u>至一百人。

(A) increase〔ɪn'kris〕 v. 增加

(B) **decrease**〔dɪ'kris〕 v. 減少

(C) develop〔dɪ'vɛləp〕 v. 發展

(D) influence〔'ɪnfluəns〕 v. 影響

\* number〔'nʌmbə〕 n. 數目      village〔'vɪlɪdʒ〕 n. 村莊

32. ( **B** ) 他們用花和泰迪熊<u>裝飾</u>房子，因爲他們的女兒非常喜歡。

(A) build〔bɪld〕 v. 建造

(B) **decorate**〔'dɛkəˌret〕 v. 裝飾

(C) address〔ə'drɛs〕 v. 向…致詞 n. 地址

(D) destroy〔dɪ'strɔɪ〕 v. 破壞

\* **teddy bear** 泰迪熊      daughter〔'dɔtə〕 n. 女兒

33.( **D** ) 由於交通繁忙和下傾盆大雨，所以今天早上這班公車<u>誤點</u>了。

    (A) between〔bə'twin〕*prep.* 在（兩者）之間

    (B) beside〔bɪ'saɪd〕*prep.* 在～旁邊

    (C) before〔bɪ'for〕*prep.* 在～之前

    (D) ***behind***〔bɪ'haɪnd〕*prep.* 在～後面

        ***behind schedule*** 比預定的時間晚

    \* ***as a result of*** 由於    heavy〔'hɛvɪ〕*adj.* 大的

      traffic〔'træfɪk〕*n.* 交通流量

      pouring〔'porɪŋ〕*adj.* 傾盆而下的

      run〔rʌn〕*v.* 行駛

      schedule〔'skɛdʒul〕*n.* 時間表

34.( **A** ) 你正在討論那位<u>五年前和爸爸共事的人</u>嗎？

    with whom…ago 爲形容詞子句，修飾先行詞 the person。

    而 (B) 須改爲 ***who*** is famous in China，(C) 須改爲 ***with***

    ***whom*** the prom queen danced last night，(D) 須改爲 ***who***

    caused the accident，才能選。

    \* prom〔prɑm〕*n.* 舞會    ***prom queen*** 舞會皇后

      cause〔kɔz〕*v.* 造成    accident〔'æksədənt〕*n.* 意外

35.( **B** ) <u>除了</u>唱歌之外，他也會彈鋼琴和跳舞。這就是他爲何渴望參加才

    藝比賽的原因。

    (A) Beside〔bɪ'saɪd〕*prep.* 在…旁邊

    (B) ***Besides***〔bɪ'saɪdz〕*prep.* 除了…之外（還有）

    (C) Except〔ɪk'sɛpt〕*prep.* 除了…

    (D) Expect〔ɪk'spɛkt〕*v.* 期待

    \* eager〔'igɚ〕*adj.* 渴望的    ***be eager to*** 渴望

      enter〔'ɛntɚ〕*v.* 參加    talent〔'tælənt〕*n.* 才藝

      contest〔'kɑntɛst〕*n.* 比賽    ***talent contest*** 才藝競賽

## 第二部分：題組（第 36-60 題，共 25 題）

（36～39）

> 　　每個人都想要成功，並且有自己的夢想。但是讓夢想<u>成真</u>
>
> 36
>
> 並不容易。也就是說，你必須努力工作，而且如果你想要達成
>
> 目標，就要付出代價。舉西恩為例。他想要當老闆，但是他來
>
> 自一個貧窮的家庭。所以他<u>從</u>國中<u>畢業後</u>，就沒有去讀高中。
>
> 37　　　　37
>
> <u>取而代之的是</u>，他成為一個工廠工人。雖然他只是一個工人，
>
> 38
>
> 他努力工作，並且善用每一分鐘學習任何新事物。在努力工作
>
> 十六年後，他終於成為一間工廠的老闆。努力工作真的會<u>帶來</u>
>
> 39
>
> 成功，西恩就是一個很好的例子。只要你盡力，並且堅持追求
>
> 你的目標，總有一天你會達到顛峰。

## 【註釋】

successful〔sək'sɛsfəl〕*adj.* 成功的　　own〔on〕*adj.* 自己的

dream〔drim〕*n.* 夢想　　***that is to say*** 也就是說（= *that is*）

pay〔pe〕*v.* 支付　　price〔praɪs〕*n.* 代價

achieve〔ə'tʃiv〕*v.* 達成　　goal〔gol〕*n.* 目標

example〔ɪg'zæmpḷ〕*n.* 例子　　***take…for example*** 以…為例

boss〔bɔs〕*n.* 老闆　　poor〔pʊr〕*adj.* 貧窮的

***senior high school*** 高中　　***junior high school*** 國中

become〔bɪ'kʌm〕*v.* 成為　　factory〔'fæktrɪ〕*n.* 工廠

worker〔'wɝkɚ〕*n.* 工人　　***make good use of*** 善加利用

***at last*** 最後；終於　　true〔tru〕*adj.* 真的　　***hard work*** 努力

success〔sək'sɛs〕*n.* 成功　　***as long as*** 只要　　***try one's best*** 盡力

persist〔pɚ'zɪst〕*v.* 堅持＜*in*＞　　pursuit〔pɚ'sut〕*n.* 追求

***one day*** 有一天　　top〔tɑp〕*n.* 頂端　　***at the top*** 高居首位

36. ( **A** ) 使役動詞接受詞後,接原形動詞表「主動」,故選 (A) *come true*「成真」。

37. ( **B** ) 依句意,選 (B) *graduated from*「從…畢業」。
而 (A) returned from「從…返回」,(C) returned to「回到」,
(D) left for「動身前往」均不合。

38. ( **D** ) (A) also〔'ɔlso〕 *adv.* 而且　　(B) besides〔bɪ'saɪdz〕 *adv.* 此外
(C) especially〔ə'spɛʃəlɪ〕 *adv.* 尤其;特別是
(D) *instead*〔ɪn'stɛd〕 *adv.* 作為代替;取而代之

39. ( **D** ) (A) take〔tek〕 *v.* 拿　　(B) grow〔gro〕 *v.* 生長
(C) need〔nid〕 *v.* 需要　　(D) *bring*〔brɪŋ〕 *v.* 帶來

(40～44)

---

親愛的安:

　　我的女兒辛蒂<u>自從</u>和她的網友馬克見面後,就變了很多。
　　　　　　　40
我們以前常一起有說有笑,但是現在她很少說話。

　　在家時,辛蒂大部分的時間都在和我們不認識的人<u>聊天</u>。
　　　　　　　　　　　　　　　　　　　　　　　　　41
她常常做出<u>讓我們非常擔心</u>的事情。例如,她熬夜上網,所以
　　　　　　　42
上學遲到。她曾是一個用功的學生,但是現在她不太在意她的
成績。另外,她會說粗魯的話,而且不認為<u>這樣做</u>是不對的。
　　　　　　　　　　　　　　　　　　　43
最糟糕的是,她開始說謊了。

　　我真的需要一些忠告。請告訴我<u>該怎麼做</u>。
　　　　　　　　　　　　　　　　44
　　　　　　　　　　　　　　　一位需要幫助的母親

---

## 【註釋】

change〔tʃendʒ〕v. 改變　　meet〔mit〕v. 和～會面
Internet〔'ɪntɚ͵nɛt〕n. 網際網路　***Internet friend*** 網友
laugh〔læf〕v. 說謊　　***a lot*** 常常　　seldom〔'sɛldəm〕adv. 很少
***for example*** 例如　　***stay up*** 熬夜　　surf〔sɝf〕v. 上（網）
Net〔nɛt〕n. 網路　　late〔let〕adv. 遲；晚
***care about*** 關心；在乎　　grade〔gred〕n. 成績
also〔'ɔlso〕adv. 而且　　rude〔rud〕adj. 粗魯的；無禮的
words〔wɝdz〕n. pl. 言語　　wrong〔rɔŋ〕adj. 錯誤的
worst〔wɝst〕adj. 最糟的　　lie〔laɪ〕v. 說謊
advice〔əd'vaɪs〕n. 忠告　　***in need of*** 需要

40. ( **C** ) 依句意，選 (C) ***since***「自從」。

41. ( **B** ) spend + 受詞 + (in) + V-ing 表「花時間做…」，故選 (B)
***chatting***。　chat〔tʃæt〕v. 聊天

42. ( **A** ) 依句意，that 是關係代名詞，引導形容詞子句修飾先行詞 things，
選 (A) ***that make us so worried***

43. ( **D** ) ***it*** 做虛主詞，代替真正主詞 to do so。

44. ( **C** ) 依句意，選 (C) ***what to do***「該怎麼辦」。
而 (A) 須改為 how to do ***it***，(B) 須改為 ***what*** I should do，
(D) 須改為 what I can do，才能選。

（45～47）

根據科學家的說法，地球表面有幾乎超過百分之七十的
水，就像人體一樣。海洋中含有許多好的物質，像是對人類
有用的礦物質。然而，海洋非常深而且水壓很大，所以人們
很難去尋找這些資源。

> 現在，很多國家正在設法利用海洋來改善人民的生活。例如，一些國家正試著利用海浪的力量來發電。有些國家，包括在沙漠的國家，正試圖將鹽分從海水取出，以便製成淡水。這樣就能夠解決缺水所引起的問題。人們可以飲用，而且也可以灌溉蔬菜和其他農作物。在未來，我們應該能夠好好利用海洋。

## 【註釋】

scientist〔ˈsaɪəntɪst〕n. 科學家　　surface〔ˈsɝfɪs〕n. 表面
earth〔ɝθ〕n. 地球　　almost〔ˈɔl,most〕adv. 幾乎
human〔ˈhjumən〕adj. 人類的　n. 人　　ocean〔ˈoʃən〕n. 海洋
contain〔kənˈten〕v. 包含　　material〔məˈtɪrɪəl〕n. 物質
mineral〔ˈmɪnərəl〕n. 礦物質　　useful〔ˈjusfəl〕adj. 有用的
deep〔dip〕v. 深的　　pressure〔ˈprɛʃɚ〕n. 壓力
great〔gret〕adj. 大的　　difficult〔ˈdɪfɪ,kʌlt〕adj. 困難的
find〔faɪnd〕v. 找到　　resources〔rɪˈsorsɪz〕n. pl. 資源
nowadays〔ˈnaʊə,dez〕adv. 現在　　country〔ˈkʌntrɪ〕n. 國家
improve〔ɪmˈpruv〕v. 改善　　life〔laɪf〕n. 生活
*some…others* 有些…有些~　　power〔ˈpaʊɚ〕n. 力量
wave〔wev〕n. 波浪　　produce〔prəˈdjus〕v. 生產
electricity〔ɪ,lɛkˈtrɪsətɪ〕n. 電力　　including〔ɪnˈkludɪŋ〕prep. 包括
desert〔ˈdɛzət〕n. 沙漠　adj. 沙漠的　　salt〔sɔlt〕n. 鹽
*so that* 以便於　　fresh〔frɛʃ〕adj. 沒有鹽分的　　*fresh water* 淡水
solve〔sɑlv〕v. 解決　　problem〔ˈprɑbləm〕n. 問題
cause〔kɔz〕v. 造成　　shortage〔ˈʃɔrtɪdʒ〕n. 短缺；缺乏
irrigate〔ˈɪrə,get〕v. 灌溉　　crop〔krɑp〕n. 農作物
future〔ˈfjutʃɚ〕n. 未來　　*be able to V* 能夠~
advantage〔ədˈvæntɪdʒ〕n. 利益；好處　　*take advantage of* 利用

45.( **B** ) *take advantage of* 這個片語是什麼意思？

　　　　(A) 持續嘗試　　　　　　(B) 利用
　　　　(C) 花很多時間　　　　　(D) 找一個理由

* phrase〔frez〕*n.* 片語　　***keep on*** 持續
***make use of*** 利用　　reason〔'rizn̩〕*n.* 理由

46.(**C**) 下列何者為眞？

(A) 沙漠國家無法解決缺水的問題。

(B) 這篇文章是在談論如何尋找海浪的來源。

(C) 因爲海水的巨大水壓，人們無法輕易地找到海裡的資源。

(D) 用海洋裡的物質來改善生活是不可能的。

* following〔'fɑloɪŋ〕*adj.* 以下的　　***talk about*** 談論
source〔sors〕*n.* 來源　　easily〔'izl̩ɪ〕*adv.* 輕易地
impossible〔ɪm'pɑsəbl̩〕*adj.* 不可能的

47.(**A**) 根據本文，我們忽視海洋的主要理由是什麼？

(A) 要找到海洋裡的資源並不容易。

(B) 沒有證據能證明人類能夠成功利用海洋。

(C) 我們在海洋裡找到的物質全都對人類有害。

(D) 只有在沙漠地區的國家需要利用海洋來改善生活。

* artical〔'ɑrtɪkl̩〕*n.* 文章　　main〔men〕*adj.* 主要的
ignore〔ɪg'nor〕*v.* 忽視　　proof〔pruf〕*n.* 證據
successfully〔sək'sɛsfəlɪ〕*adv.* 成功地
area〔'ɛrɪə〕*n.* 地區

(48～49)

親愛的畢業生：

今年六月，你們全都要離開學校。蘋果公司的總裁史蒂夫‧賈伯斯曾經說過：「虛心若愚。求知若飢。」那就意味著，只有當你理解知識的力量以及渴求更多的感覺時，你才會想要持續學習。請銘記在心。現在，爲了慶祝你們畢業，將會舉行畢業派對。誠摯地邀請你們每一位前來參加。

---

* 時間：晚上六點

* 日期：2014 年五月三十日

* 地點：體育館

* 費用：免費

注意：

* 請盛裝打扮。

* 帶一個禮物來交換禮物。

約翰・米爾頓

校長

---

【註釋】

graduate〔'grædʒuɪt〕n. 畢業生　　**EO** 總裁 ( = *chief executive office*r )
ever〔'ɛvə〕adv. 曾經　　foolish〔'fulɪʃ〕adj. 愚蠢的
hungry〔'hʌŋgrɪ〕adj. 飢餓的　　mean〔min〕v. 意思是
understand〔ˌʌndə'stænd〕v. 了解　　power〔'pauə〕n. 力量
knowledge〔'nɑlɪdʒ〕n. 知識　　keep〔kip〕v. 持續
mind〔maɪnd〕n. 心；頭腦　　***keep sth. in mind*** 把某事牢記在心
celebrate〔'sɛləˌbret〕v. 慶祝　　graduation〔ˌgrædʒu'eʃən〕n. 畢業
party〔'partɪ〕n. 派對　　sincerely〔sɪn'sɪrlɪ〕adv. 由衷地；誠懇地
invite〔ɪn'vaɪt〕v. 邀請　　date〔det〕n. 日期　　fee〔fi〕n. 費用
free〔fri〕adj. 免費的　　notice〔'notɪs〕n. 注意
***dress oneself up*** 盛裝打扮　　bring〔brɪŋ〕v. 帶
present〔'prɛzn̩t〕n. 禮物　　gift〔gɪft〕n. 禮物
exchange〔ɪks'tʃendʒ〕n. 交換　　principal〔'prɪnsəpl̩〕n. 校長

48. ( **C** )「虛心若愚。求知若飢。」這個成語是什麼意思？

　　　(A) 讓你自己保持飢餓。　　　(B) 表現得像一個傻子。

　　　(C) 讓你自己想要學習。　　　(D) 使你自己愚笨。

　　　　* idiom〔'ɪdɪəm〕n. 成語　　act〔ækt〕v. 舉止；表現得
　　　　　fool〔ful〕n. 傻瓜　　stupid〔'stjupɪd〕adj. 愚笨的

49. ( **A** ) 何者為眞？

(A) 學生需要帶禮物來派對。

(B) 史蒂夫‧賈伯斯是一種蘋果的名字。

(C) 派對會在約翰‧米爾頓的家舉行。

(D) 學生將會在五月畢業。

* kind〔kaɪnd〕*n.* 種類　　hold〔hold〕*v.* 舉行
  graduate〔'grædʒʊ,et〕*v.* 畢業

( 50～52 )

---

### ♟ ♞ ♖ 普瑪動物園 ♞ ♞ ♞ ♟

| 成人： | 新台幣 250 元 |
|---|---|
| 兒童： | 新台幣 200 元 |
| 停車： | 新台幣 150 元 |

開放時間：上午九點三十分～晚上六點

* 別隨地丟口香糖或任何垃圾。

* 別太靠近動物，否則牠們可能會傷害你。

* 別把食物給動物，否則牠們可能會生病。

* 看好你的袋子以及其他個人財物。

* 當你參觀動物園時，留意你的小孩。

---

【註釋】

zoo〔zu〕*n.* 動物園　　adult〔ə'dʌlt〕*n.* 成人

parking〔'parkɪŋ〕*n.* 停車　　throw〔θro〕*v.* 丟

chew〔tʃu〕*v.* 咀嚼　　gum〔gʌm〕*n.* 口香糖

**chewing gum** 口香糖　　garbage〔'garbɪdʒ〕*n.* 垃圾

anywhere〔'ɛnɪ,hwɛr〕*adv.* 在任何地方　　close〔klos〕*adj.* 接近的

animal〔'ænəml〕*n.* 動物　　or〔ɔr〕*conj.* 否則
hurt〔hɜt〕*v.* 傷害　　sick〔sɪk〕*adj.* 生病的
***keep an eye on*** 看好；照料　　bag〔bæg〕*n.* 袋子
personal〔'pɜsnl〕*adj.* 個人的
belongings〔bə'lɔŋɪŋz〕*n. pl.* 所有物；財物
watch〔watʃ〕*v.* 留意　　visit〔'vɪzɪt〕*v.* 參觀

50. ( **A** ) 布朗先生和布朗太太將要開車帶他們的三個孩子去動物園，而且
　　　他們會把車子停在動物園的停車場。他們應該要付多少錢？

　　　(A) <u>新台幣一千兩百五十元。</u>

　　　(B) 新台幣一千一百五十元。

　　　(C) 新台幣一千零五十元。

　　　(D) 新台幣九百五十元。

　　　* park〔pɑrk〕*v.* 停（車）　　***parking lot*** 停車場

51. ( **B** ) 動物園一天開幾個小時？

　　　(A) 七個小時。　　　　　　(B) <u>八個半小時。</u>

　　　(C) 九個半小時。　　　　　(D) 十個小時。

　　　* open〔'opən〕*adj.* 開著的；營業中的

52. ( **A** ) 以下何者為真？

　　　(A) <u>孩童可能會走失，如果他們的父母不夠小心的話。</u>

　　　(B) 你可以把你的皮夾和手機放在任何地方。

　　　(C) 你可以在動物園免費停車。

　　　(D) 如果食物很美味，你可以餵食動物園裡的動物。

　　　* lost〔lɔst〕*adj.* 走失的；迷路的
　　　　careful〔'kɛrfəl〕*adj.* 小心的；謹慎的
　　　　wallet〔'walɪt〕*n.* 皮夾　　***cell phone*** 手機
　　　　free〔fri〕*adj.* 免除的　　charge〔tʃɑrdʒ〕*n.* 費用
　　　　***free of charge*** 免費　　feed〔fid〕*v.* 餵食

（53～56）

| 南西百貨公司樓層指引 | |
|---|---|
| 六樓 | 少女部：年輕女性服裝、運動服 |
| 五樓 | 兒童部：男童裝和女童裝、玩具 |
| 四樓 | 男士部：西裝、運動服、大衣、領帶 |
| 三樓 | 電器部：電視、mp3 播放器、收音機、計算機、DVD 播放器、電腦、電子遊戲 |
| 二樓 | 仕女部：女士服裝、包包 |
| 一樓 | 鞋部：鞋子、高跟鞋、靴子、短襪 |

【註釋】

department〔dɪˋpartmənt〕n. 部門　*department store* 百貨公司

directory〔dəˋrɛktərɪ〕n. 指南；指引

junior〔ˋdʒunjɚ〕n. 年輕人；（尤指）少女

dress〔drɛs〕n. 洋裝；服裝　　sportswear〔ˋsportsˏwɛr〕n. 運動服

suit〔sut〕n. 西裝；套裝　　coat〔kot〕n. 大衣；外套

tie〔taɪ〕n. 領帶　　electronics〔ɪˏlɛkˋtranɪks〕n. pl. 電子產品

player〔ˋpleɚ〕n. 播放器　　radio〔ˋredɪˏo〕n. 收音機

calculator〔ˋkælkjəˏletɚ〕n. 計算機

computer〔kəmˋpjutɚ〕n. 電腦

electronic〔ɪˏlɛkˋtranɪk〕adj. 電子的

heel〔hil〕n. （鞋）後跟　　*high heels* 高跟鞋

boots〔buts〕n. pl. 靴子　　socks〔saks〕n. pl. 短襪

53. ( **C** ) 你能在哪一樓，買一件好看的大衣給你的父親作爲父親節的禮物？

　　(A) 二樓。　　　　　　(B) 三樓。

　　(C) 四樓。　　　　　　(D) 五樓。

54. ( **B** ) 你能在哪一樓替自己買一套西裝？
        (A) 三樓。        (B) <u>四樓。</u>
        (C) 五樓。        (D) 六樓。

55. ( **A** ) 你能在哪一樓替自己買一台 iPod？
        (A) <u>三樓。</u>        (B) 四樓。
        (C) 五樓。        (D) 六樓。

56. ( **B** ) 你無法在南西百貨公司買到以下何者？
        (A) 運動鞋。        (B) <u>化妝品。</u>
        (C) 電視機。        (D) 衣服。

    * sneakers〔'snikɚs〕*n. pl.* 運動鞋
    cosmetics〔kɑz'mɛtɪks〕*n. pl.* 化妝品    ***TV set*** 電視機
    clothes〔kloz〕*n. pl.* 衣服

（57～60）

> 　　在紐約，便宜的一餐不一定是指薯條、熱狗、漢堡、披薩，
> 或者其他像是麥當勞或肯德基之類的速食。供應來自其他國家的
> 食物的餐廳，也正變得受歡迎，而且它們有廉價的美食。
>
> 　　大約兩週前，我決定環遊這個城市。我花了很多時間規畫我
> 的行程，而且我嘗試各種便宜餐廳的食物。我發現很棒的日本、
> 韓國和亞洲餐廳，它們都有好吃的食物。在所有我造訪過的餐廳
> 裡，我有最喜歡的一間——一間令人愉快的中式小餐廳，新月。
> 我現在常常在那邊吃東西，因為他們的服務生很親切，而且他們
> 提供的餐點價格很合理。
>
> 　　另一件令人興奮的事，就是新的而且不貴的健康食物餐廳的
> 開幕。「瑪姬廚房」是最好的餐廳。那裡的晚餐時間通常都客滿。

「瑪姬廚房」的主廚會做有新鮮水果和蔬菜的美味佳餚，並且幾乎不用糖、鹽或者有化學添加物的食物。在嘗試過瑪姬廚房的食物之後，你絕不會想要再吃垃圾食物。瑪姬廚房通常非常忙碌，所以你應該要先預約。

在這趟行程裡，我發現很多有趣的餐廳，也吃了一些很棒的餐點。你何不在自己的家鄉嘗試一些新的餐廳？我相信你會有一些令人興奮的發現。

【註釋】

inexpensive ( ˌɪnɪkˈspɛnsɪv ) *adj.* 便宜的；不貴的

meal ( mil ) *n.* 餐點　　New York ( njuˈjɔrk ) *n.* 紐約

***not always*** 未必；不一定　　***French fries*** 薯條

***hot dog*** 熱狗　　hamburger (ˈhæmbɝgɚ ) *n.* 漢堡

pizza (ˈpitsə ) *n.* 披薩　　***fast food*** 速食

serve ( sɝv ) *v.* 供應　　popular (ˈpɑpjələ ) *adj.* 受歡迎的

price ( praɪs ) *n.* 價格　　decide ( dɪˈsaɪd ) *v.* 決定

travel (ˈtrævḷ ) *v.* 旅行；遊歷　　around ( əˈraʊnd ) *prep.* 遍及

city (ˈsɪtɪ ) *n.* 城市　　spend ( spɛnd ) *v.* 花（時間）

plan ( plæn ) *v.* 計畫　　trip ( trɪp ) *n.* 行程

try ( traɪ ) *v.* 嘗試　　various (ˈvɛrɪəs ) *adj.* 各式各樣的；各種不同的

Japanese ( ˌdʒæpəˈniz ) *adj.* 日本的　　Korean ( koˈriən ) *adj.* 韓國的

Asian (ˈeʃən ) *adj.* 亞洲的　　yummy (ˈjʌmɪ ) *adj.* 好吃的

visit (ˈvɪzɪt ) *v.* 造訪　　favorite (ˈfevərɪt ) *n.* 最喜歡的人或事物

pleasant (ˈplɛzṇt ) *adj.* 令人愉快的　　Chinese ( tʃaɪˈniz ) *adj.* 中國的

moon ( mun ) *n.* 月亮　　waiter (ˈwetɚ ) *n.* 服務生

kind ( kaɪnd ) *adj.* 親切的　　special (ˈspɛʃəl ) *adj.* 特別的

reasonable (ˈriznəbḷ ) *adj.* 合理的　　opening (ˈopənɪŋ ) *n.* 開幕

health ( hɛlθ ) *n.* 健康　　chef ( ʃɛf ) *n.* 廚師

prepare ( prɪˈpɛr ) *v.* 準備；製作；調製

delicious ( dɪˈlɪʃəs ) *adj.* 美味的；好吃的　　dish ( dɪʃ ) *n.* 菜餚

fresh〔frɛʃ〕*adj.* 新鮮的　　fruit〔frut〕*n.* 水果
vegetable〔'vɛdʒətəbḷ〕*adj.* 蔬菜
little〔'lɪtḷ〕*adj.* 很少的；幾乎沒有的
sugar〔'ʃʊgɚ〕*n.* 糖　　salt〔sɔlt〕*n.* 鹽
chemical〔'kɛmɪkḷ〕*n.* 化學物質　　junk〔dʒʌŋk〕*n.* 垃圾
***junk food*** 垃圾食物【熱量高，但營養價值低的食物】
busy〔'bɪzɪ〕*adj.* 忙碌的；熱鬧的
reservation〔ˌrɛzɚ'veʃən〕*n.* 預訂　　***make a reservation*** 預訂
during〔'djʊrɪŋ〕*prep.* 在…期間　　have〔hæv〕*v.* 吃
excellent〔'ɛksḷənt〕*adj.* 出色的　　hometown〔'hom'taʊn〕*n.* 家鄉
believe〔bə'liv〕*v.* 相信　　discovery〔dɪ'skʌvərɪ〕*n.* 發現

57. ( **C** ) 幾乎不用糖和鹽料理而成的新鮮食物餐點是＿＿＿＿＿＿。

　　(A) 垃圾食物　　　　　　(B) 速食
　　(C) 健康食物　　　　　　(D) 中國食物

58. ( **D** ) ***various*** 這個字的意思是＿＿＿＿＿＿。

　　(A) 辛辣的　　　　　　　(B) 相同的
　　(C) 新鮮的　　　　　　　(D) 不同的
　　* spicy〔'spaɪsɪ〕*adj.* 辛辣的　　same〔sem〕*adj.* 相同的
　　　 different〔'dɪfərənt〕*adj.* 不同的

59. ( **A** ) 垃圾食物＿＿＿＿＿＿。

　　(A) 通常有很多糖和鹽　　(B) 像是在「瑪姬廚房」的食物
　　(C) 對你的健康有益　　　(D) 沒有在紐約販售

60. ( **D** ) 如果你在一間餐廳做預訂，＿＿＿＿＿＿。

　　(A) 餐廳將會有美食　　　(B) 你可能不會得到桌位
　　(C) 你不能吃任何食物　　(D) 你一定會有桌位
　　* probably〔'prɑbəblɪ〕*adv.* 可能
　　　 sure〔ʃʊr〕*adj.* 一定的；必定的

# TEST 7 詳解

## 聽力測驗 ( 第 1-20 題，共 20 題 )

### 第一部分：辨識句意 ( 第 1-3 題，共 3 題 )

1. ( **B** ) (A)  (B)  (C)

Karen is studying in the library. 凱倫正在圖書館讀書。
* study〔'stʌdɪ〕 *v.* 讀書；學習　　library〔'laɪ,brɛrɪ〕 *n.* 圖書館

2. ( **C** ) (A)  (B) 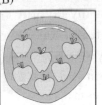 (C)

There are six tomatoes in the basket. 籃子裡有六顆蕃茄。
* tomato〔tə'meto〕 *n.* 蕃茄　　basket〔'bæskɪt〕 *n.* 籃

3. ( **B** ) (A)  (B)  (C)

Jack is waiting for the bus. 傑克正在等公車。
* wait〔wet〕 *v.* 等待；等候

## 第二部分：基本問答（第 4-10 題，共 7 題）

4. ( **A** ) Will you go camping with us tomorrow?
   你明天會和我們一起去露營嗎？
   (A) Sure. I like outdoor activities. 當然。我喜歡戶外活動。
   (B) No, he didn't came. 不，他沒有來。
   (C) Of course. I'm too busy to do that.
       當然。我太忙了不能去。

   \* camp〔kæmp〕*v.* 露營　　sure〔ʃur〕*adv.* 當然
   outdoor〔'aut,dor〕*adj.* 戶外的　　activity〔æk'tɪvətɪ〕*n.* 活動
   ***too…to + V*** 太…而不～

5. ( **B** ) My sister is poor at English. Can you help her?
   我姐姐的英語很差。你能幫助她嗎？
   (A) No. English is easy. 不。英文很容易。
   (B) No, I'm not good at English. 不行，我不擅長英語。
   (C) Yes. She is my favorite classmate.
       是的。她是我最喜歡的同學。

   \* poor〔pur〕*adj.* 不擅長的　　***be good at*** 擅長
   favorite〔'fevərɪt〕*adj.* 最喜愛的
   classmate〔'klæs,met〕*n.* 同學

6. ( **B** ) How long have you lived here? 你住在這裡多久了？
   (A) 15 meters. 15公尺。　　(B) 15 years. 15年。
   (C) 15 miles. 15哩。

   \* long〔lɔŋ〕*adv.* 長久地；長時間地　　***how long*** 有多久
   live〔lɪv〕*v.* 居住　　meter〔'mitə〕*n.* 公尺
   mile〔maɪl〕*n.* 哩

7. ( **A** ) What fruit do you like best? 你最喜歡什麼水果？
   (A) Pears. 梨子。　　(B) Bears. 熊。
   (C) Badminton. 羽毛球。

* fruit〔frut〕*n.* 水果　　pear〔pɛr〕*n.* 梨子
　bear〔bɛr〕*n.* 熊　　badminton〔'bædmɪntən〕*n.* 羽毛球

8. ( **A** ) Who is the girl standing next to Jerry?
　　站在傑利旁邊的那個女孩是誰？

　　(A) She is my younger sister, Susan. <u>她是我的妹妹，蘇珊。</u>
　　(B) He is my Uncle, Jack. 他是我的叔叔，傑克。
　　(C) She is a restaurant waitress. 她是餐廳的女服務員。

　　* stand〔stænd〕*v.* 站立　　***next to*** 在～旁邊
　　restaurant〔'tɛstərənt〕*n.* 餐廳
　　waitress〔'wetrɪs〕*n.* 女服務生

9. ( **C** ) How often does the No. 217 bus run?
　　217號公車多久開一班？

　　(A) I take it to my school every morning.
　　　　我每天早上帶它到我的學校。
　　(B) It takes you fifteen minutes to go there.
　　　　去那裡要花你15分鐘。
　　(C) Every fifteen minutes on weekdays, and every twenty
　　　　minutes on weekends.
　　　　<u>平日每15分鐘一班，而週末則每20分鐘一班。</u>

　　* ***how often*** 多久一次【問頻率】　　run〔rʌn〕*v.* 通行
　　weekday〔'wikde〕*n.* 平日　　weekend〔'wik͵ɛnd〕*n.* 週末

10. ( **B** ) Have you seen my dog, Hero? 你有看到我的狗，英雄嗎？

　　(A) Yes. You told me before. 是的。你之前告訴過我。
　　(B) No. Dogs are not allowed here.
　　　　<u>沒有。狗不被允許待在這裡。</u>
　　(C) No. I don't like dogs. 不，我不喜歡狗。

　　* hero〔'hɪro〕*n.* 英雄　　allow〔ə'laʊ〕*v.* 允許

## 第三部分：言談理解（第 11-20 題，共 10 題）

11. ( **B** ) M：Can I use your iPhone?

男：我可以用妳的 iPhone 嗎？

W：Sure. What's wrong with yours?

女：當然可以。你的有什麼問題嗎？

M：I left it in my car.

男：我把它留在我的車裡。

Question：Why did the man ask the woman for her
iPhone? 為什麼男士要向女士借她的 iPhone？

(A) His iPhone was stolen. 他的 iPhone 被偷了。

(B) He didn't have his iPhone with him.
他沒有帶自己的 iPhone。

(C) His iPhone was not good enough. 他的 iPhone 不夠好。

\* use〔juz〕v. 使用　　***What's wrong with~?*** ～怎麼了？
　leave〔liv〕v. 遺留　　ask〔æsk〕v. 請求
　steal〔stil〕v. 偷　　enough〔ɪ'nʌf〕adv. 足夠地

12. ( **C** ) M：Do you want to have breakfast with me at
McDonald's?

男：你要和我去麥當勞吃早餐嗎？

W：No, thanks. I have to catch the bus in five minutes.

女：不用了，謝謝。我再過五分鐘要去趕公車。

M：What a pity! Maybe next time.

男：太可惜了！或許下次吧。

W：Yeah. See you.

女：好啊。下次見。

Question：When did the conversation happen?
這段談話是什麼時候發生的？

(A) In the evening. 在晚上。

(B) In the afternoon. 在下午。

(C) In the morning. 在早上。

* have〔hæv〕v. 吃　　breakfast〔'brɛkfəst〕n. 早餐
McDonald's〔mək'danḷdz〕n. 麥當勞　　catch〔kætʃ〕v. 趕上
pity〔'pɪtɪ〕n. 可惜的事　　***What a pity!*** 真是可惜！
conversation〔͵kɑnvə'seʃən〕n. 談話；對話
happen〔'hæpən〕v. 發生

13. ( **B** ) W : I need to shop for some food.

女：我需要去買一些食物。

M : Do you want me to go with you?

男：妳想要我和妳一起去嗎？

W : That's wonderful that you are always so helpful.
Food is always heavy, you know.

女：那太好了，你總是如此樂於助人。你知道，食物總是很重。

Question : What will the man do to help the woman
according to the dialogue?

根據對話，這位男士將幫助這位女士做什麼？

(A) Pay for the food. 付錢買食物。

(B) Carry the food. 提食物。

(C) Eat the food. 吃食物。

* need〔nid〕v. 需要　　shop〔ʃɑp〕v. 購買
wonderful〔'wʌndəfəl〕adj. 很好的
helpful〔'hɛlpfəl〕adj. 有幫助的　　heavy〔'hɛvɪ〕adj. 重的
know〔no〕v. 知道　　***according to*** 根據…
dialogue〔'daɪə͵lɔg〕n. 對話　　pay〔pe〕v. 支付
carry〔'kærɪ〕v. 提；搬

14. ( **C** ) M : It's already 6:00 PM.　When will you finish it?

男：已經下午 6 點了。妳什麼時候才能做完呢？

G : Not before 8:00 PM, I think.

女：我想，下午 8 點之前都做不完吧。

M：You have worked on it for two hours.

男：妳已經做了兩個小時了。

G：Yes, but this is a really hard lesson.

女：是啊，但這真的是一項困難的功課。

Question：What was the girl doing? 這位女孩在做什麼？

(A) Cooking dinner. 煮晚餐。

(B) Cleaning the house. 打掃屋子。

(C) Doing homework. 做作業。

* already〔ɔl'rɛdɪ〕*adv.* 已經　　***PM*** 下午（= *post meridiem*）
finish〔'fɪnɪʃ〕*v.* 完成　　hard〔hɑrd〕*adj.* 困難的
lesson〔'lɛsn̩〕*n.* 功課；課業　　cook〔kʊk〕*v.* 煮；烹調
dinner〔'dɪnɚ〕*n.* 晚餐　　clean〔klin〕*v.* 打掃；清潔
homework〔'hom,wɝk〕*n.* 作業

15.（ **A** ) W：Dannie, you are late again.

女：丹尼爾，你又遲到了。

M：I'm sorry. I forgot to set my alarm clock before going to bed.

男：對不起。我忘了在睡前設定鬧鐘。

W：This is not the first time. You have to pay for it, then. Come to the office and clean all the windows.

女：這不是第一次了。那麼，你必須為此付出代價。到辦公室去清理所有的窗戶。

Question：Why was Dannie late? 丹尼爾為什麼遲到？

(A) He got up late. 他起床晚了。

(B) He took the wrong bus. 他搭錯公車。

(C) His office was too far away from home.
他的辦公室離他家太遠了。

* late〔let〕*adj.* 遲的；晚的　　sorry〔'sɔrɪ〕*adj.* 抱歉的
forget〔fɚ'gɛt〕*v.* 忘記　　set〔sɛt〕*v.* 設定
alarm〔ə'lɑrm〕*n.* 鬧鐘　　***alarm clock*** 鬧鐘
***pay for*** 為～付出代價　　office〔'ɔfɪs〕*n.* 辦公室
wrong〔rɔŋ〕*adj.* 錯誤的　　***far away from*** 離～很遠

16. ( **C** ) M : May I help you?

男：我可以幫助你嗎？

W : Yes. I hurt my leg. Please get a taxi for me, and I think I can get home by myself.

女：可以。我的腿受傷了。請幫我叫計程車，我想我可以自己回家。

M : Sure. Here comes the taxi.

男：當然可以。計程車來了。

W : Thanks a lot. Bye.

女：非常感謝。再見。

Question : How did the man help the woman?

這位男士如何幫助這位女士？

(A) Walk her home. 走路送她回家。

(B) Drive her home. 開車載她回家。

(C) Get a taxi for her. 幫她叫一輛計程車。

* hurt ( hɝt ) v. 受傷　　leg ( lɛg ) n. 腿
taxi ('tæksɪ ) n. 計程車　　walk ( wɔk ) v. 走路
drive ( draɪv ) v. 開車

17. ( **B** ) M : I went to the park with my son last night. How about you?

男：我和我的兒子昨天晚上去了公園，妳呢？

W : I went biking with my husband till 9 p.m.

女：我和我的丈夫去騎腳踏車，直到晚上9點。

M : Did you pass the library?

男：你們有經過圖書館嗎？

W : No, we rode our bikes along Main Street.

女：沒有，我們沿著大街騎腳踏車。

Question : Where did the man go last night?

這位男士昨晚去哪裡？

(A) Main Street. 大街。　　　　(B) The park. 公園。

(C) The library. 圖書館。

* bike〔baɪk〕v. 騎腳踏車　n. 腳踏車
  husband〔'hʌzbənd〕n. 丈夫　　pass〔pæs〕v. 經過；通過
  library〔'laɪˌbrɛrɪ〕n. 圖書館　　ride〔raɪd〕v. 騎乘
  along〔ə'lɔŋ〕prep. 沿著；順著　　main〔men〕adj. 主要的

18. ( **C** )　W : Did you visit your friends when you were in Taitung?

　　　　女：當你去台東時，你有去看你的朋友嗎？

　　　　M : No, I went there with my sister, and we stayed with
　　　　　　our grandparents.

　　　　男：沒有，我和我的妹妹去那裡，我們住在爺爺奶奶家。

　　　　Question : Who did the man visit in Taitung?

　　　　　　　　這位男士在台東拜訪誰？

　　　　(A) His friends.　他的朋友。

　　　　(B) His sister.　他的妹妹。

　　　　(C) His grandparents.　他的祖父母。

　　　　* visit〔'vɪzɪt〕v. 拜訪　　stay〔ste〕v. 投宿
　　　　grandparents〔'grændˌpɛrəts〕n. pl. 祖父母

19. ( **C** )　M : How was your weekend?

　　　　男：妳週末過得怎樣？

　　　　W : I cleaned my room and shopped for some food.

　　　　女：我打掃房間，買了一些食物。

　　　　M : You're really busy.　I went to a movie.

　　　　男：你真的很忙。我去看電影了。

　　　　Question : What did the man do on the weekend?

　　　　　　　　這位男士在週末做了什麼？

　　　　(A) Clean his room.　打掃他的房間。

　　　　(B) Shop for some food.　買一些食物。

　　　　(C) Go to a movie.　去看電影。

　　　　* shop〔ʃɑp〕v. 購物　　movie〔'muvɪ〕n. 電影
　　　　**go to a movie**　去看電影

20. ( **B** ) M : Judy came to visit three hours ago, and she wanted
   you to call her when you came back.

   男：茱蒂三個小時前來拜訪，而且她要妳回來時打電話給她。

   W : But it's too late to make a phone call at 11 p.m. I'll
   call her tomorrow.

   女：但是晚上 11 點打電話真的太晚了。我明天會打給她。

   Question： When did Judy come to the woman's house?
   茱蒂何時來到這位女士的家？

   (A) 7 p.m. 晚上 7 點。　　　(B) 8 p.m. 晚上 8 點。

   (C) 11 p.m. 晚上 11 點。

   * call〔kɔl〕v. 打電話 n. 電話　　*make a phone call* 打電話

## 閱讀測驗（第 21-60 題，共 40 題）

### 第一部分：單題（第 21-35 題，共 15 題）

21. ( **D** ) 如果你想要成為一個好老師，你需要去了解你的學生感受如何。

   (A) hurry〔'hɜɪ〕v. 趕快

   (B) leave〔liv〕v. 離開

   (C) belong〔bə'lɔŋ〕v. 屬於

   (D) *understand*〔ˌʌndɚ'stænd〕v. 了解

   * want〔wɑnt〕v. 想要　　feel〔fil〕v. 感到

22. ( **B** ) 梅昨天錯拿我的筆記本，然後今天早上還給我。

   (A) email〔'imel〕n. 電子郵件

   (B) *mistake*〔mə'stek〕n. 錯誤　　*by mistake* 錯…；誤…

   (C) package〔'pækɪdʒ〕n. 包裹

   (D) trouble〔'trʌbl̩〕n. 麻煩

   * notebook〔'notbʊk〕n. 筆記本　　*give…back to*～ 歸還

23.( **B** ) 不要這麼<u>嚴肅</u>。它只是一個遊戲。放輕鬆並且玩得開心。

    (A) public〔ˋpʌblɪk〕*adj.* 公共的

    (B) *serious*〔ˋsɪrɪəs〕*adj.* 嚴肅的

    (C) foreign〔ˋfɔrɪn〕*adj.* 外國的

    (D) common〔ˋkɑmən〕*adj.* 共通的

    * game〔gem〕*n.* 遊戲　　easy〔ˋizɪ〕*adj.* 輕鬆的

    *take it easy* 放輕鬆　　fun〔fʌn〕*n.* 樂趣

    *have fun* 玩得開心

24.( **C** ) 你相信嗎？有一個在南美洲的<u>女孩</u>養了老虎當她的寵物。

    a girl 爲先行詞，關係代名詞在形容詞子句中作主詞用，

    故選 (C) *who*。

    * believe〔bɪˋliv〕*v.* 相信　　keep〔kip〕*v.* 飼養

    tiger〔ˋtaɪgɚ〕*n.* 老虎　　pet〔pɛt〕*n.* 寵物

    South America〔ˋsaʊθəˋmɛrɪkə〕*n.* 南美洲

25.( **D** ) 羅莎是美國人，但是她中文說得非常好。那是因爲她從 2005 年就<u>住</u>在台灣。

    由 since 2005 可知，此句採用現在完成式表持續的行爲，

    故選 (D) *has lived*。

    * pretty〔ˋprɪtɪ〕*adv.* 非常；相當

26.( **D** ) 這藍色外套不是珍妮的，是<u>我的</u>。我上個月在那家百貨公司買的。

    由句意可知要填入 my jacket，可替換成所有格代名詞，故

    選 (D) *mine*。

    * jacket〔ˋdʒækɪt〕*n.* 夾克　　*department store* 百貨公司

27.( **C** ) 鮑伯打了一個錯誤的電話號碼，並且跟一個陌生人講了 30 分鐘，<u>這</u>有趣嗎？

    依文法，it 是形式主詞，需用 that 引導名詞子句做真正主詞，

    故選 (C) *that*。

    * funny〔ˋfʌnɪ〕*adj.* 有趣的　　stranger〔ˋstrendʒɚ〕*n.* 陌生人

28. ( **D** ) 傑森是一個大男孩。他必須學會靠他自己生活，<u>不是嗎</u>？

主要子句爲現在式肯定型，所以附加問句必須採用現在式否定型，故選 (D) *doesn't*。

\* *have to V<sub>R</sub>* 必須　　*on one's own* 靠～生活

$* have\ to\ V_R$ 必須　　*on one's own* 靠～生活

29. ( **C** ) 波特太太的丈夫去世之後，<u>她自己</u>必須照顧她的三個小孩。

依句意，選 (C) *herself*「她自己」。

\* *take care of* 照顧…

30. ( **A** ) 安迪：我會唱 100 首英文歌。

安妮：<u>我也會</u>。我甚至會唱 100 首台語歌。你可以嗎？

(A) *So can I* 我也會

(B) Neither can I 我也不會

(C) I do, too 我也會【應改成 I *can*, too】

(D) I don't either 我也不會

\* even〔ˈivən〕*adv.* 甚至

31. ( **C** ) 露西：你知道在那裡的那個女孩嗎？

加爾：哪一個？

露西：<u>有</u>一個大大的微笑的那個女孩。

*with* + *N.* 表人體附帶（頭髮、配件、笑容…）的狀態，故選 (C) *with*。

\* *over there* 在那裡　　smile〔smaɪl〕*n.* 微笑

32. ( **A** ) 這個週末如果<u>不下雨</u>，我們全家將騎自行車到淡水河去。

由主要子句採用未來式可知，if 需引導現在式的副詞子句爲條件句，故選 (A) *doesn't*。

33. ( **C** ) 昨天晚上當我在夜市買東西時，我的腳踏車<u>被偷了</u>。

根據句意，主要子句必須採用過去被動式，故選 (C) *was stolen*。

\* *night market* 夜市

34. ( **D** ) 莉莉<u>最</u>喜歡音樂課，因爲她喜歡唱歌和聽音樂。

    (A) least〔list〕*adv.* 最小；最少；最不

    (B) last〔læst〕*adv.* 最後地

    (C) first〔fɜst〕*adv.* 第一；首先

    (D) ***best***〔bɛst〕*adv.* 最；最好

35. ( **C** ) 我的小弟哭鬧總是讓我<u>頭痛</u>，所以我假日時總是去圖書館讀書。

    (A) problem〔ˈprɑbləm〕*n.* 問題

    (B) exercise〔ˈɛksəˌsaɪz〕*n.* 運動

    (C) ***headache***〔ˈhɛdˌek〕*n.* 頭痛

    (D) dream〔drim〕*n.* 夢想

    * holiday〔ˈhɑləˌde〕*n.* 假日

## 第二部分：題組（第 36-60 題，共 25 題）

（36～38）

---

### 新電影：瘋狂小學（120 分鐘）

  凱蒂・懷特才剛開始上瘋狂小學的一年級，而且她所有的同學都有超能力！凱蒂試圖表示友好，<u>並且</u>和班上每一個人<u>做朋友</u>。有
                           36
一天，他們聽說<u>學校必須關閉</u>，因爲學校沒有錢。學生們想要幫助
          37
學校。<u>他們將會做什麼來</u>拯救他們的學校呢？
    38
  讓我們在最近的電影院找出答案。

---

【註釋】

crazy〔ˈkrezɪ〕*adj.* 瘋狂的　　elementary〔ˌɛləˈmɛntərɪ〕*adj.* 初等的

***elementary school*** 小學　　start〔stɑrt〕*v.* 開始

grade〔gred〕*n.* 年級　　super〔ˈsupə〕*adj.* 超級的

power〔ˈpauə〕*n.* 能力　　***super power*** 超能力

friendly〔'frɛndlɪ〕*adj.* 友好的　　　hear〔hɪr〕*v.* 聽說；聽聞
save〔sev〕*v.* 挽救；拯救　　***find out*** 找出（答案）；發現（事情）
near〔nɪr〕*adj.* 近的；附近的　　theater〔'θiətə〕*n.* 電影院

36. ( **A** )　(A) 做朋友　　　　　　　　(B) 感到害怕

　　　　(C) 感到興奮　　　　　　　　(D) 看起來生氣

　　　　　* afraid〔ə'fred〕*adj.* 害怕的 < *of* >
　　　　　　excited〔ɪk'saɪtɪd〕*adj.* 興奮的；激動的 < *about* >
　　　　　　angry〔'æŋgrɪ〕*adj.* 發怒的；生氣的 < *at* >

37. ( **A** )　(A) 學校必須關閉　　　　　　(B) 老師會很忙碌

　　　　(C) 學校要舉行派對　　　　　　(D) 學生會被送去醫院

　　　　　* ***have to*** … 不得不…　　close〔kloz〕*v.* 關閉
　　　　　　party〔'pɑrtɪ〕*n.* 派對；宴會
　　　　　　send〔sɛnd〕*v.* 送（人）去…　　hospital〔'hɑspɪtḷ〕*n.* 醫院

38. ( **C** )　依句意，學生接下來要做的事，表示未來要做的事，故選

　　　　(C) ***would they do*** 「他們將會做」。

（39～42）

　　　　當我七歲時，我的母親嫁給一名印尼商人，他們帶我和他們
　　　　　　　　　　　　　　　　　　　　　　　　　39
去印尼。我去上兩所公立學校，並且結交了很多朋友。放學後，
我的朋友和我通常去河邊玩——你不會相信這水是多麼清澈！我
　　　　　　　　　　　　　　　　40
們可以看到小魚在河裡游動。有許多有趣的動物和植物在山區。
我們經常一起玩，直到我們的母親呼叫，「孩子們，吃晚餐了！」

　　　　當我十歲時，我前往美國，但是我絕不會忘記我們在那裡做
　　　　　　　　　　　　　　　　　　　　　　　　　　41
的有趣的事情。

　　　　我希望將來有一天我能回去印尼。
　　42

【註釋】

marry〔ˈmærɪ〕v. 結婚　　Indonesian〔ˌɪndoˈniʃən〕adj. 印尼的
businessman〔ˈbɪznɪsˌmæn〕n. 商人
Indonesia〔ˌɪndoˈniʃə〕n. 印尼
public〔ˈpʌblɪk〕adj. 公立的　　river〔ˈrɪvɚ〕n. 河流
clear〔klɪr〕adj. 清澈的　　animal〔ˈænəml̩〕n. 動物
plant〔plænt〕n. 植物　　kid〔kɪd〕n. 小孩　　*leave for* 前往

39.(**B**) 依文法，過去發生的事，應用過去式，故選 (B) *took*「帶」。

40.(**C**) 依句意，選 (C) *wouldn't believe*「不會相信」。

41.(**C**) 依句意，選 (C) *did*「做」。

42.(**A**) 依文法，祈使句動詞為原形，選 (A) *hope*〔hop〕n. 希望；期望。

（43～45）

貝　蒂：嗨！艾伯特。真是一個驚喜！你過得如何？
艾伯特：我過得很好。從我上次見到你之後，
　　　　已經過了一段很長時間。

貝　蒂：那是你的狗嗎？
艾伯特：事實上，牠是我兒子的狗。牠的名字
　　　　叫琪琪。

貝　蒂：牠是一隻黃金獵犬，對吧？
艾伯特：是的。我們從牠兩年前出生就在飼養牠。牠是我姐姐
　　　　給的禮物。我們都愛牠，而且生活不能沒有牠。

貝　蒂：真的嗎？為什麼呢？
艾伯特：牠是如此重要的同伴，如此親切和愛嬉戲。我的兒子
　　　　會好好照顧牠。而且牠會教他責任感，因為他每天都
　　　　必須餵牠和遛牠。

貝　蒂：那麼，為什麼你現在在遛牠呢？
艾伯特：我的兒子請求我這麼做，因為他今天放學後必須練習
　　　　籃球。

貝　蒂：噢，我明白了。很高興在這裡見到你。再見！
艾伯特：再見！

【註釋】

sueprise〔sɚ'praɪz〕n. 驚喜；驚訝之事
last〔læst〕adv. 上次；上回
actually〔'æktʃʊəlɪ〕adv. 實際上；事實上
golden〔'goldn̩〕adj. 金色的；金黃色的　　retriever〔rɪ'trivɚ〕n. 獵犬
**golden retriver** 黃金獵犬　　born〔bɔrn〕adj. 出生的
companion〔kəm'pænjən〕n. 同伴；夥伴
playful〔'plefəl〕adj. 愛嬉戲的
responsibility〔rɪ,spɑnsə'bɪlətɪ〕n. 責任　　feed〔fid〕v. 餵食
walk〔wɔk〕v. 遛（狗）　　ask〔æsk〕v. 要求；請求
practice〔'præktɪs〕v. 練習；訓練　　meet〔mit〕v. 遇見；碰到

43. ( **B** )　這隻狗有多大？

(A) 2 個月大。　　　　　　(B) 2 歲。

(C) 4 週大。　　　　　　　(D) 5 歲。

44. ( **D** )　誰教艾伯特的兒子責任感？

(A) 貝蒂。　　　　　　　　(B) 艾伯特。

(C) 艾伯特的太太。　　　　(D) 琪琪。

\* wife〔waɪf〕n. 太太；妻子

45. ( **C** )　關於艾伯特的兒子，哪一項不是真的？

(A) 他每天必須餵狗。　　　(B) 他每天必須遛狗。

(C) 他的叔叔買狗給他。　　(D) 他今天必須練習籃球。

（46～47）

> 親愛的王女士：
>
> 　　真是高興，我即將畢業，要去讀高中，但悲傷的是，我要離開您。感謝您支持我的一切。我記得當我七年級時，我沒有可以交談的朋友。我很害羞。我感到孤單和痛苦。您教我如何和其他學生做朋友。在您的支持後，我知道自己很好，而我感覺我自己好多了。現在我有一些朋友，可以與他們分享我的想法，他們對我很好。再次感謝您的支持。請保重。
>
> 您的學生，<br>凱茜

【註釋】

glad〔glæd〕adj. 高興的　　graduate〔'grædʒʊˌet〕v. 畢業
**senior high school** 高中　　leave〔liv〕v. 離開
support〔sə'port〕v. n. 支持　　remember〔rɪ'mɛmbɚ〕v. 記得
grade〔gred〕n. 年級　　lonely〔'lonlɪ〕adj. 寂寞的；孤獨的
unhappy〔ʌn'hæpɪ〕adj. 痛苦的；不快樂的　　share〔ʃɛr〕v. 分享
idea〔aɪ'diə〕n. 想法；主意　　nice〔naɪs〕adj. 美好的；友好的
once〔wʌns〕adv. 一次；一遍　　**take care** 小心；注意

46.（ **D** ）爲什麼凱茜要寫這封信？

(A) 她想要交一些新朋友。　　(B) 她需要王女士的一些支持。
(C) 她想要和王女士分享一些想法。
(D) 她想要感謝王女士支持她。

47.（ **D** ）關於王女士，何者爲眞？

(A) 她給凱茜在學校工作的機會。
(B) 她告訴凱茜如何學習英語。
(C) 她和凱茜分享她的想法。　　(D) 她幫助凱茜交新朋友。
* chance〔tʃæns〕n. 機會

（48~50）

肯從他的老闆艾伯特那收到一封電子郵件。

---

2009 年 12 月 12 日

親愛的鮑比 T 恤店職員們：

以下價目表用於從 2009 年 12 月 22 日到 12 月 31 日的拍賣。

艾伯特 ☺

| | 「傾聽我的心」 | 「任何想法？」 | 「要快樂」 |
|---|---|---|---|
| | | | |

| 數　　量 | 每件 T 恤的價格 | | |
|---|---|---|---|
| 少於 3 件 | 新台幣 900 元 | 新台幣 800 元 | 新台幣 750 元 |
| 3～4 件 | 新台幣 800 元 | 新台幣 700 元 | 新台幣 650 元 |
| 5 件或以上 | 新台幣 700 元 | 新台幣 600 元 | 新台幣 600 元 |

---

【註釋】

e-mail〔ˈiˌmel〕n. 電子郵件　　boss〔bɔs〕n. 老闆
staff〔stæf〕n. 職員　　following〔ˈfɑloɪŋ〕adj. 以下的；下述的
price〔praɪs〕n. 價錢；價格　　list〔lɪst〕n. 表；目錄
sale〔sel〕n. 拍賣　　heart〔hɑrt〕n. 心；心境
quantity〔ˈkwɑntətɪ〕n. 數量

48. (**B**) 為什麼艾伯特要寄送這封電子郵件給他的員工？

　　(A) 艾伯特邀請職員吃晚餐。

　　(B) 艾伯特告訴職員用新的價格出售。

　　(C) 艾伯特想要職員努力工作。

　　(D) 艾伯特需要來自職員的一些更好的想法。

> \* send〔sɛnd〕v. 寄；送　　ask〔æsk〕v. 邀請 < to >
> sell〔sɛl〕v.（以…價格）出售 < at >

49.（**C**）你能從這封電子郵件知道什麼？

(A) 鮑比的 T 恤店將會在 12 月 31 日後舉行拍賣。

(B)「要快樂」T 恤賣得比其他的 T 恤還要差。

(C) <u>當購買更多的 T 恤時，顧客可以得到更好的價格。</u>

(D)「傾聽我的心」T 恤是最受到人們歡迎的。

> \* worse〔wɝs〕adj. 更差的　　customer〔'kʌstəmɚ〕n. 顧客
> popular〔'pɑpjəlɚ〕adj. 受歡迎的

50.（**A**）如果鮑伯在 12 月 22 日買了三件「傾聽付我的心」T 恤和一件
「任何想法？」T 恤，他必須支付多少錢？

(A) <u>新台幣 3,200 元。</u>　　　　(B) 新台幣 3,500 元。

(C) 新台幣 3,650 元。　　　　(D) 新台幣 3,900 元。

> \* pay〔pe〕v. 支付

（51～53）

---

## 艾倫的部落格

親愛的讀者：　　　　　　　　　　　　　2009 年 9 月 20 日

　　我一直忙於我在普萊森頓暑期學校的學業。這是第一個我
有時間到城市四處看看的週末。

　　　　到處都有冰淇淋店！（看左邊的照片——它看
起來不錯，不是嗎？）

　　也有許多讓我想起台北的便利商店。有幾次我迷路了，但
是這裡的人們總是非常親切並且願意給我指路。

　　我想念我在台灣的家人甚於其他任何事情，但是我真的開
始喜愛普萊森頓了。

---

【註釋】

blog〔blɔg〕*n.* 部落格；網路日誌（= *web log*）
reader〔'ridɚ〕*n.* 讀者　　***be busy with*** … 忙於…
study〔'stʌdɪ〕*n.* 學業
Pleasanton〔'plɛzn̩tən〕*n.* 普萊森頓【位於美國加州的城市】
around〔ə'raund〕*prep.* 在…四處　　city〔'sɪtɪ〕*n.* 城市
***ice cream*** 冰淇淋　　shop〔ʃɑp〕*n.* 商店
picture〔'pɪktʃɚ〕*n.* 照片；圖片
convenience〔kən'vinjəns〕*n.* 方便；便利
***convenience store*** 便利商店　　***think of*** 想起；想到
lost〔lɔst〕*adj.* 迷路的
willing〔'wɪlɪŋ〕*adj.* 願意（做…）的；樂意（做…）的
show〔ʃo〕*v.* 指出（路）　　miss〔mɪs〕*n.* 想念

51. ( **B** ) 艾倫最想念的是什麼？

(A) 食物。　　　　　　　(B) 家人。
(C) 冰淇淋。　　　　　　(D) 便利商店。

52. ( **A** ) 關於普萊森頓，什麼是真的？

(A) 那裡有許多冰淇淋店。
(B) 那裡的人有禮貌，但是冷漠。
(C) 到處都有大學。
(D) 在那裡很難找到便利商店。

\* polite〔pə'laɪt〕*adj.* 有禮貌的　　cold〔kold〕*adj.* 冷淡的
university〔ˌjunə'vɝsətɪ〕*n.* 大學

53. ( **B** ) 為什麼艾倫在普萊森頓？

(A) 他在那裡有家人。
(B) 他在那裡是一個學生。
(C) 他正在拜訪朋友。
(D) 他在那裡出差。

\* visit〔'vɪzɪt〕*v.* 拜訪　　***on business*** 出差

（54～57）

這裡有一張關於造訪紐約的海報。閱讀並且回答問題。

| 抵達紐約 | 外出用餐 |
|---|---|
| 在紐約有三個機場。當你抵達其中一個時，你可以搭巴士或者計程車到紐約的任何地方。 | 在紐約有許多種食物，而且你不應該天天吃麥當勞。有很好的餐廳在小義大利和唐人街。 |
| **旅館** | **公共運輸** |
| 在紐約有很多不錯的旅館。最好的是在第五大道的**廣場酒店**，但是你不必付很多錢來留在市內。有很多較小的旅館，而且在中央公園附近的基督教青年會對年輕人而言是很棒的。 | 在紐約，有很好的公車和地鐵服務。如果你打算使用很多次地鐵，你應該爲了行程買一張地鐵票，因爲它比較便宜。若你不需要使用公共運輸——有很多地方，你可以徒步去：帝國大廈、第五大道和中央公園。 |
| **參觀地點** | **購物** |
| 最後，在紐約有很多地方可以去參觀——時代廣場、自由女神像。而且你不應該沒有登上自由女神像來欣賞這城市的風景。 | 在紐約購物是種樂趣。在第五大道有很多大型商店。它們每週營業七天。但是當你看價格時要小心；你在紐約買的任何東西，都必須付一項8%的特別稅。 |

【註釋】

poster〔ˋpostɚ〕*n.* 海報　　arrive〔əˋraɪv〕*v.* 抵達；到達

airport〔ˋɛrport〕*n.* 機場　　place〔ples〕*n.* 地方；地點

Italy〔ˋɪtl̩ɪ〕*n.* 義大利　　Chinatown〔ˋtʃaɪnə͵taʊn〕*n.* 唐人街；中國城

hotel〔ho'tɛl〕*n.* 旅館　　plaza〔'plæzə〕*n.* 廣場
avenue〔'ævə,nju〕*n.* 大道；大街　　pay〔pe〕*v.* 支付
**YMCA** *n.* 基督教青年會 ( = *Young Men's Christian Association* )
near〔nir〕*prep.* 在…附近　　central〔'sɛntrəl〕*adj.* 中央的
**Central Park** 中央公園　　public〔'pʌblɪk〕*adj.* 公共的
transport〔træns'port〕*n.* 運輸　　subway〔'sʌb,we〕*n.* 地下鐵

service〔'sɝvɪs〕*n.* 服務　　plan〔plæn〕*v.* 計畫
ticket〔'tɪkɪt〕*n.* 票　　trip〔trɪp〕*n.* 行程
cheap〔tʃip〕*adj.* 便宜的　　**on foot** 徒步
empire〔'ɛmpaɪr〕*n.* 帝國　　state〔stet〕*n.* 國；國土
building〔'bɪldɪŋ〕*n.* 建築物　　**Empire State Building** 帝國大廈
see〔si〕*v.* 參觀　　finally〔'faɪnlɪ〕*adv.* 最後
times〔taɪmz〕*n. pl.* 時代；年代　　square〔skwɛr〕*n.* 廣場

**Times Square** 時代廣場　　statue〔'stætʃʊ〕*n.* 雕像
liberty〔'lɪbɚtɪ〕*n.* 自由　　**Statue of Liberty** 自由女神像
climb〔klaɪm〕*v.* 登上；攀登　　enjoy〔ɪn'dʒɔɪ〕*v.* 欣賞
scenery〔'sinərɪ〕*n.* 風景；景色　　shopping〔'ʃɑpɪŋ〕*n.* 購物
fun〔fʌn〕*n.* 樂趣　　open〔'opən〕*adj.* 營業的
careful〔'kɛrfəl〕*adj.* 小心的；仔細的　　specail〔'spɛʃəl〕*adj.* 特別的
tax〔tæks〕*n.* 稅；稅金

54. ( **B** )　當你造訪紐約時，你應該_____

　　　　(A) 每天都吃麥當勞。　　(B) 登上自由女神像。

　　　　(C) 外出時搭計程車。　　(D) 留宿最好的旅館。

　　　　\* **go out** 外出　　stay〔ste〕*v.* 留宿；投宿

55. ( **D** )　我們可以從這篇閱讀中得知什麼？

　　　　(A) 廣場是一間餐廳的名字。

　　　　(B) 在紐約有兩個機場。

　　　　(C) 如果你在紐約買一件 100 美元的襯衫，你只要付 92 美元。

　　　　(D) 人們可以步行造訪紐約許多著名的地方。

　　　　\* learn〔lɝn〕*v.* 得知　　reading〔'ridɪŋ〕*n.* 閱讀
　　　　famous〔'feməs〕*adj.* 著名的；有名的

56. ( **D** ) 如果你去紐約旅行的預算有限，你應該 _____

    (A) 常常去肯德基。

    (B) 買單程票到紐約的每個地方。

    (C) 買你想要的東西而不在乎特別稅。

    (D) <u>留宿較小的旅館。</u>

    * budget〔'bʌdʒɪt〕 *n.* 預算　　limit〔'lɪmɪt〕 *v.* 限制；限定
      frequently〔'frikwəntlɪ〕 *adv.* 常常；經常
      care〔kɛr〕 *v.* 在乎

57. ( **B** ) 以下敘述何者正確？

    (A) 第五大道是許多窮人住的地方。

    (B) <u>自由女神像作為一個給觀光客鳥瞰城市的觀景台功能。</u>

    (C) 如果你留宿紐約的基督教青年會，你可以步行去帝國
        大廈。

    (D) 在第五大道的商店像法國一樣每個星期日關門。

    * statement〔'stetmənt〕 *n.* 敘述
      correct〔kə'rɛkt〕 *adj.* 正確的　　poor〔pʊr〕 *adj.* 貧窮的
      function〔'fʌŋkʃən〕 *v.* 作為⋯的功能 < *as* >
      observatory〔əb'zɝvə,torɪ〕 *n.* 觀景台
      visitor〔'vɪzɪtɚ〕 *n.* 觀光客　　view〔vju〕 *n.* 視野
      closed〔klozd〕 *adj.* 停止營業的　　France〔fræns〕 *n.* 法國

（58～60）

---

### 志氣

    <u>拔河</u>是一種需要力量、決心和團隊合作的競賽。拉一根距離四公尺長的繩子看似簡單，但是它根本不是那樣。台北市景美女中拔河隊對這項工作並不外行。除了讀書以外，她們花了日日夜夜的時間為重要的比賽練習。

志氣是以這一隊在 2010 年，於義大利世界國際拔河錦標賽的勝利爲根據的電影。故事採用一位來自一個貧窮家庭的台灣少女的艱苦困難。經由她的祖母養育，春英獲得認可進入一間在台北的高中。由於她擅長體育，她不出所料在學校的拔河隊找到她自己。然而，春英在取得她的課業和郭教練的嚴格訓練計畫之間的平衡有所困難。幸好，在管理隊上女孩的吳小姐，有給她鼓勵和支持。這部電影必定會打動你的心弦，所以不要在電影院裡錯過了。

## 【註釋】

step〔stεp〕v. 踏步　　glory〔'glorɪ〕n. 光榮；榮譽
tug〔tʌg〕n. 拖拉；拖曳　v. 用力拉；強拉　　war〔wɔr〕n. 戰爭
*tug-of-war* 拔河　　competition〔͵kampə'tɪʃən〕n. 競賽；比賽
strength〔strεŋθ〕n. 力量
determination〔dɪ͵tɜmə'neʃən〕n. 決心；決意
teamwork〔'tim'wɜk〕n. 團隊合作　　pull〔pʊl〕v. 拉；拖

rope〔rop〕n. 繩索　　distance〔'dɪstəns〕n. 距離
seem〔sim〕v. 看似；似乎　　simple〔'sɪmpl̩〕adj. 簡單的；容易的
*anything but* 根本不；絕不　　stranger〔'strendʒɚ〕n. 外行；生手
task〔tæsk〕n. 工作；任務　　beside〔bɪ'saɪdz〕prep. 除…之外
spend〔spεnd〕v. 花（時間）　　*day and night* 日日夜夜
contest〔'kantεst〕n. 競賽；比賽　　*be based on* 以…爲根據
victory〔'vɪktərɪ〕n. 勝利　　world〔wɜld〕n. 世界
international〔͵ɪntɚ'næʃənl̩〕adj. 國際的

championship〔'tʃæmpɪən͵ʃɪps〕n. pl. 錦標賽
follow〔'falo〕v. 採用　　hardship〔'hard͵ʃɪp〕v. 艱難；困苦
young〔jʌŋ〕adj. 年輕的　　raise〔rez〕v. 養育
accept〔ək'sεpt〕v. 接受；同意　　*be good at* 擅長；擅於
physical〔'fɪzɪkl̩〕adj. 身體的　　education〔͵εdʒə'keʃən〕n. 教育
*physical education* 體育　　surprise〔sə'praɪz〕n. 驚訝；意外的事

find〔faɪnd〕v. 找到 　　*have a hard time* 有困難
strike〔straɪk〕v. 達成 　　balance〔'bæləns〕n. 平衡
*strike a balance* 取得平衡 　　coach〔kotʃ〕v. 教練
strict〔strɪkt〕adj. 嚴格的 　　training〔'trenɪŋ〕n. 訓練
schedule〔'skɛdʒul〕n. 計畫 　　luckily〔'lʌkɪlɪ〕adv. 幸好；幸虧
*in charge of* 管理 　　encouragement〔ɪn'kɝɪdʒmənt〕n. 鼓勵
*be sure to* 必定；一定 　　string〔strɪŋ〕n. 絃
miss〔mɪs〕v. 錯過

58.（ **D** ）拔河是什麼？

(A) 一個由孩子們玩的趣味遊戲。

(B) 一個像跳繩的遊戲。

(C) 一個只由高中女生玩的遊戲。

(D) 一個需要力量和團隊合作的比賽。

\* funny〔'fʌnɪ〕adj. 有趣的 　　game〔gem〕n. 比賽；遊戲
jumping〔'dʒʌmpɪŋ〕adj. 跳躍的 　　rope〔rop〕n. 繩子
require〔rɪ'kwaɪr〕v. 需要

59.（ **A** ）志氣是什麼？

(A) 一部電影 　　　　　　(B) 一場競賽

(C) 一個訓練計畫 　　　　(D) 一場錦標賽

60.（ **C** ）何者正確？

(A) 春英來自由她的祖父養育的貧窮家庭，並且獲得認可進
入台北市景美女中。

(B) 郭教練是一位也在管理隊上女孩的嚴格教練。

(C) 當女孩們狀況不佳時，吳小姐有鼓勵和支持她們。

(D) 台北景美女子高中拔河隊的女孩們不是在她們的學業，就
是在郭教練的嚴格訓練計畫做得不好。

\* correct〔kə'rɛkt〕adj. 正確的
condition〔kən'dɪʃən〕n. 狀況；狀態
encourage〔ɪn'kɝɪdʒ〕v. 鼓勵 　　*either ~ or …* 不是 ~ 就是 …

# TEST 8 詳解

## 聽力測驗（第 1-20 題，共 20 題）

### 第一部分：辨識句意（第 1-3 題，共 3 題）

1. ( **C** ) (A)  (B) (C)

Robert goes to school by bicycle. 羅伯特騎腳踏車去上學。

\* **by bicycle** 騎腳踏車

2. ( **C** ) (A) (B) (C)

Mr. Brown likes to have steak. 伯朗先生喜歡吃牛排。

\* have〔hæv〕*v.* 吃　　steak〔stek〕*n.* 牛排

3. ( **A** ) (A) (B) (C)

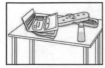  

You can see a wallet, a pencil case, and glue on the desk.

你可以在書桌上看到一只皮夾、一個鉛筆盒和膠水。

\* wallet〔'wɑlɪt〕*n.* 皮夾　　***pencil case*** 鉛筆盒

　glue〔glu〕*n.* 膠水　　desk〔dɛsk〕*n.* 書桌

## 第二部分：基本問答（第 4-10 題，共 7 題）

4. ( **C** ) Which do you like, computers or comic books?

   你喜歡哪一個，電腦還是漫畫書？

   (A) I can play them well. 它們我都可以彈得很好。

   (B) I don't do well at school. 我在學校表現不好。

   (C) I like computers. 我喜歡電腦。

   \* *comic book* 漫畫書　　*do well* 表現好；做得好

5. ( **B** ) You don't look good. Are you OK?

   你看起來不太好。你還好嗎？

   (A) I'm sorry. 我很抱歉。

   (B) Sure, I'm fine. 當然，我很好。

   (C) Yes, I'm a good student. 是的，我是一位好學生。

   \* look〔luk〕*v.* 看起來　　sure〔ʃur〕*adv.* 的確；當然

6. ( **B** ) What did you do this morning? 今早你做了什麼事？

   (A) I like to play soccer. 我喜歡踢足球。

   (B) I went to church. 我上教堂做禮拜。

   (C) I'm going to swim. 我正要去游泳。

   \* soccer〔'sɑkɚ〕*n.* 足球　　*go to church* 上教堂；做禮拜

7. ( **A** ) Look at that girl. Do you know her?

   看看那女孩。你認識她嗎？

   (A) She's Cathy. 她是凱西。

   (B) She's heavy. 她很重。

   (C) She's twelve. 她十二歲。

   \* know〔no〕*v.* 知道；認識　　heavy〔'hɛvɪ〕*adj.*（重量）重的

8. ( **C** ) I don't think I can learn English well.

我不認爲我英文可以學得好。

(A) The English class will begin in 10 minutes.

英文課將在十分鐘後開始。

(B) I don't know where to start. 我不知道要從哪裡開始。

(C) Don't worry. You'll be O.K. <u>別擔心。你不會有問題的。</u>

* learn〔lɜn〕*v.* 學習　　worry〔'wɜɪ〕*v.* 擔心

9. ( **A** ) W : Scott, what happened to your leg?

女：史考特，你的腳怎麼了？

M : I fell and got hurt.

男：我跌倒受傷

(A) I'm sorry for you. <u>我眞爲你感到難過。</u>

(B) That's a good idea. 那是個好主意。

(C) You did a very good job. 你做得很好。

* fell〔fɛl〕*v.* 跌倒；掉落【fall 的過去式】　　*get hurt* 受傷
*happen to* 發生在…身上　　sorry〔'sɔrɪ〕*adj.* 難過的
*do a good job* 做得好

10. ( **C** ) W : Can you show me where First Hospital is?

女：你可以告訴我第一醫院在那裡嗎？

M : I know it's near here.

男：我知道在這附近。

(A) He's really a good doctor. 他眞的是一位好醫生。

(B) I have to take medicine every day. 我必須每天吃藥。

(C) It's right in front of you. <u>就在你正前方。</u>

* show〔ʃo〕*v.* 給（人）指出（地點）　　*take medicine* 吃藥
right〔raɪt〕*adv.* 正好；剛好　　*in front of* 在…的前方

第三部分：言談理解（第 11-20 題，共 10 題）

11. ( **B** ) W : Could you buy me some milk and bread?

女：你可以幫我買一些牛奶跟麵包嗎？

M : Right away!

男：馬上去！

Question : Where's the man going? 男士要去哪？

(A) To a bookstore. 去書局。

(B) To a supermarket. 去超級市場。

(C) To a theater. 去電影院。

\* ***right away*** 馬上；立刻　　bookstore 〔'bʊk͵stor〕 *n.* 書局；書店
supermarket 〔'supɚ͵mɑrkɪt〕 *n.* 超級市場
theater 〔'θɪətɚ〕 *n.* 戲院；電影院

12. ( **C** ) W : I'm hungry. Can we have dinner now?

女：我好餓。我們可以現在吃晚餐嗎？

M : Sure, what would you like to have?

男：當然，妳想要吃什麼？

W : They say the seafood at that restaurant is pretty good. What do you say?

女：他們說那家餐廳的海鮮非常棒。你覺得如何呢？

M : Good idea! Let's go!

男：好主意。我們走吧！

Question : What are they going to do?

他們即將要做什麼事？

(A) Go fishing. 去釣魚。

(B) Go to a ball game. 去看球賽。

(C) Have their dinner. 吃晚餐。

* hungry 〔'hʌŋgrɪ〕 *adj.* 飢餓的
  seafood 〔'si,fud〕 *n.* 海產食物；海鮮
  restaurant 〔'rɛstərənt〕 *n.* 餐廳
  pretty 〔'prɪtɪ〕 *adv.* 相當；非常
  ***What do you say?*** 你覺得如何？　　***ball game*** 球賽

13. ( **A** )　W : Excuse me, is this bus for the train station?

女：很抱歉，這台公車有到火車站嗎？

M : No, the bus to the train station is number five-forty-three.

男：沒有，到火車站的公車是 543 號。

W : Number…?

女：…號？

M : Five-forty-three.　Number five-forty-three.

男：543。543 號。

Question : Which bus goes to the train station?

哪台公車到火車站？

(A) Number 543.　543 號。

(B) Number 453.　453 號。

(C) Number 345.　345 號。

* ***Excuse me***. 很抱歉。【用於引起注意力】　　***train station*** 火車站

14. ( **A** )　W : Have you ever heard about "King of the Fighter"?

女：你有聽過「戰鬥之王」嗎？

M : A…soccer player or something?

男：一位…足球選手還是什麼的嗎？

W : No, it's a great book.　I like it very much.　I'm sure you'll like it, too.

女：不，這是一本很棒的書。我非常喜歡。我確定你也會喜歡。

Question : What's "King of the Fighter"?

什麼是「戰鬥之王」?

(A) A good book. 一本好書。

(B) A soccer player. 一位足球選手。

(C) A video game. 一個電玩遊戲。

* ***hear about*** 聽過　　fighter〔ˋfaɪtɚ〕*n.* 戰士
player〔ˋpleɚ〕*n.* 選手　　sure〔ʃʊr〕*adj.* 確定的
***video game*** 電玩遊戲

15. ( **B** ) M : It's almost six o'clock. How about having dinner
together?

男：快六點了。一起吃晚餐如何?

W : Thanks, but I'm not hungry yet. I'd like to study a
little longer.

女：謝謝，我還不餓。我想要再讀久一點。

Question : Where could they be? 他們可能在哪裡?

(A) In a gym. 在體育館裡。

(B) In a library. 在圖書館裡。

(C) In a theater. 在電影院裡。

* almost〔ˋɔl,most〕*adv.* 幾乎；將近　　***How about…?*** …如何?
yet〔jɛt〕*adv.* 還 ( 沒 )；尚 ( 未 )　　***would like to V.*** 想要～
***a little*** 一點；稍微　　gym〔dʒɪm〕*n.* 體育館
library〔ˋlaɪ,brɛrɪ〕*n.* 圖書館

16. ( **A** ) W : I want to try roller skating.

女：我想要嘗試看看輪式溜冰。

M : You shouldn't do that. Many people get hurt when
they roller skate.

男：妳不該那麼做。很多人在輪式溜冰時受傷。

W : Then…what do you think I should do?

女：那麼⋯你覺得我應該做什麼？

M : Well, maybe jogging is safer.

男：嗯，或許慢跑比較安全。

Question : What does the man think about roller skating?

男士覺得輪式溜冰如何？

(A) It's dangerous. 很危險。

(B) It's difficult. 很困難。

(C) It's popular. 很熱門。

\* **_try_ + _V-ing_** 試看看～　　**_roller skate_** *v.* 輪式溜冰
well〔wɛl〕*interj.* 嗯
maybe〔'mebɪ〕*adv.* 可能；或許
jogging〔'dʒɑgɪŋ〕*n.* 慢跑　　safe〔sef〕*adj.* 安全的
dangerous〔'dendʒərəs〕*adj.* 危險的
difficult〔'dɪfə͵kʌlt〕*adj.* 困難的
popular〔'pɑpjələ〕*adj.* 受歡迎的；熱門的

17. ( **C** ) M: Could I have a ticket to I-lan?

男：我可以買一張去宜蘭的車票嗎？

W : I'm sorry, there's no train.

女：很抱歉，沒有火車了。

M : What do you mean by "no train"?

男：「沒有火車」是什麼意思？

W : There are no more trains to I-lan today. You just
missed it.

女：今天沒有火車去宜蘭了。你剛剛錯過了。

Question : What does the woman mean?

女士的意思是什麼？

(A) The man should buy a ticket first. 男士應該先買票。

(B) The train to I-lan will come soon.

到宜蘭的火車很快就會來。

(C) The train to I-lan just left. <u>去宜蘭的火車剛離開。</u>

* ticket〔'tɪkɪt〕*n.* 票；車票   ***mean～by…*** …的意思是～

just〔dʒʌst〕*adv.* 剛剛   miss〔mɪs〕*v.* 錯過

18. ( **B** ) W：I can't go to see the movie with you tonight.

女：我今晚不能跟你去看電影。

M：Why not? It's a great movie!

男：爲什麼不行？這是一部很棒的電影。

W：I have an important test tomorrow.

女：我明天有一個重要的考試。

Question：What will the woman do tonight?

女士今晚要做什麼？

(A) She'll see a movie. 她會去看電影。

(B) She'll study for a test. <u>她會爲考試讀書。</u>

(C) She'll take a rest. 她會休息。

* ***see the movie*** 看電影   great〔gret〕*adj.* 很棒的

***take a rest*** 休息

19. ( **B** ) W：Hi Peter. I haven't seen you for a long time. How

are you doing?

女：嗨，彼得。我很久沒看到你了。你還好嗎？

M：I'm fine, thank you.

男：我很好，謝謝。

W：How are your family these days?

女：你的家人近來如何？

M : They're fine, and they miss you, too.  Please come see us again when you are free.

男：他們很好，而且他們也很想念妳。妳有空的時候，請再來看看我們。

W : I will.  Bye bye.

女：我會的。再見。

Question : Who might the woman be?  女士可能是誰？

(A) She is a stranger to Peter.  她是彼得不認識的陌生人。

(B) She is a Peter's friend.  <u>她是彼得的朋友。</u>

(C) She is Peter's sister.  她是彼得的妹妹。

* ***for a long time*** 很久    family〔ˈfæməlɪ〕*n. pl.* 家人
  ***come see*** 來看看 ( = *come to see* = *come and see* )
  free〔fri〕*adj.* 有空的    stranger〔ˈstrendʒɚ〕*n.* 陌生人

20. ( **C** )  W : Will you go to the game with me tomorrow?

女：你明天要跟我一起去看比賽嗎？

M : You mean the Gorillas and the Bears?

男：妳是說大猩猩對上熊寶貝嗎？

W : Yes.  I'm a big Bear's fan, you know.  They're great.

女：是的。我是熊寶貝的超級粉絲，你知道的。他們超棒的！

M : But I think the Gorillas are better.

男：但我覺得大猩猩比較強。

Question : What are the Gorillas and the Bears?

大猩猩和熊寶貝是什麼？

(A) Dangerous animals.  危險的動物。

(B) Movie stars.  電影明星。

(C) Sports teams.  <u>運動隊伍。</u>

* gorilla〔gəˈrɪlə〕*n.* 大猩猩    bear〔bɛr〕*n.* 熊
  fan〔fæn〕*n.* 迷；粉絲

# 閱讀測驗（第 21-60 題，共 40 題）

## 第一部分：單題（第 21-32 題，共 12 題）

21.(**C**) 我現在必須去趕公車了，<u>否則</u>我會錯過我哥哥的生日派對。

依句意，要去趕公車，「否則」會錯過派對，選 (C) *or*。
(A) and「而且」、(B) because「因為」、(D) until「直到」，
句意均不合。
* catch〔kætʃ〕*v.* 趕上　　***right now*** 現在

22.(**B**) 奧立佛看到他最喜歡的樂團，高興得<u>大叫</u>。他一直大聲地說：
「我愛你們！」
(A) wait〔wet〕*v.* 等待　　(B) ***shout***〔ʃaut〕*v.* 大叫；喊叫
(C) listen〔'lɪsn̩〕*v.*（注意）聽；傾聽
(D) agree〔ə'gri〕*v.* 同意
* joy〔dʒɔɪ〕*n.* 高興　　favorite〔'fevərɪt〕*adj.* 最喜歡的
band〔bænd〕*n.* 樂團　　loudly〔'laudlɪ〕*adv.* 大聲地
guy〔gaɪ〕*n.* 傢伙；人

23.(**B**) 李女士做生意很<u>誠實</u>。剛才在她的店裡，她把我上星期遺留在桌
上的皮夾還給我。
(A) famous〔'feməs〕*adj.* 有名的
(B) ***honest***〔'ɑnɪst〕*adj.* 誠實的
(C) important〔ɪm'pɔrtn̩t〕*adj.* 重要的
(D) smart〔smɑrt〕*adj.* 聰明的
* Ms.〔mɪz〕*n.* …女士
businesswoman〔'bɪznɪs,wumən〕*n.* 女商人
***just now*** 剛剛；剛才　　leave〔liv〕*v.* 遺留

24.(**D**) 萊克西看地圖<u>有困難</u>。當她在國外的城市裡，即使有地圖，她還
是找不到路。

(A) be careful about 注意；小心

(B) be good at 擅長

(C) have fun + V-ing 做某事很愉快

(D) *have trouble + V-ing* 做某事有困難

&ast; map〔mæp〕*n.* 地圖    even〔'ivən〕*adv.* 即使
way〔we〕*n.* 道路    foreign〔'fɔrɪn〕*adj.* 外國的

25. ( **C** ) 這座農場上越來越多乳牛生病了。問題非常<u>嚴重</u>，所以農場從明
天起將要關閉。

(A) heavy〔'hɛvɪ〕*adj.* 重的；沈重的

(B) popular〔'pɑpjələ〕*adj.* 受歡迎的

(C) *serious*〔'sɪrɪəs〕*adj.* 嚴重的

(D) strong〔strɔŋ〕*adj.* 強壯的

&ast; cow〔kau〕*n.* 母牛；乳牛    problem〔'prɑbləm〕*n.* 問題
close〔kloz〕*v.* 關閉    *from tomorrow on* 從明天起

26. ( **C** ) 有些歌曲很快就會被遺忘。一首真正好歌可以通過<u>時間</u>的考驗，
很多很多年還會被記得。

(A) knowledge〔'nɑlɪdʒ〕*n.* 知識

(B) sound〔saund〕*n.* 聲音    (C) *time*〔taɪm〕*n.* 時間

(D) weather〔'wɛðə〕*n.* 天氣

&ast; forget〔fə'gɛt〕*v.* 忘記【三態變化為：forget-forgot-forgotten】
quickly〔'kwɪklɪ〕*adv.* 很快地    pass〔pæs〕*v.* 通過
test〔tɛst〕*n.* 測驗；考驗    remember〔rɪ'mɛmbə〕*v.* 記得

27. ( **A** ) 我不確定凱文今天早上是否<u>會進來</u>，不過如果他來了，我會告訴
他你打電話來。

if 在此作「是否」解，引導名詞子句，依句意，凱文尚未
進來，如果他進來，動作發生在未來，故應用「未來式」，
選 (A) *will come in*。因為 if 引導的是名詞子句，而不是
表「條件」的副詞子句，故不須用現在式代替未來式，
故 (B) comes in 在此用法不合。

28. ( **B** ) 我想這條路到這裡是盡頭了；沒辦法走更遠。我們不該回頭嗎？

依句意選 (B) **farther**，是 far 的比較級，表「更遠」之意。

而 (A) closer「更近」、(C) faster「更快」、(D) longer「更長；更久」，句意均不合。

* road〔rod〕*n.* 道路　　end〔ɛnd〕*v.* 結束；終了

go〔go〕*v.* (通路) 延伸；通到　　***turn back*** 返回

29. ( **A** ) 慢跑是我唯一喜歡的運動。我覺得所有其他種類的運動都很無趣。

依句意，除慢跑外，「所有」其他運動都很無趣，選 (A) **all**。

* jog〔dʒɑg〕*v.* 慢跑　　exercise〔'ɛksəˌsaɪz〕*n.* 運動

enjoy〔ɪn'dʒɔɪ〕*v.* 喜歡　　find〔faɪnd〕*v.* 覺得

kind〔kaɪnd〕*n.* 種類　　boring〔'bɔrɪŋ〕*adj.* 無聊的；無趣的

30. ( **B** ) 近來最夯的電視節目之一「金頭腦」，如果有人能在 15 分鐘之內答對 20 個題目，要送他們免費的夏威夷機票。

主詞 *Smart Head* 為單數，one of…these days 是同位語，空格是整句話的動詞，單數動詞應選 (B) ***gives***。

* hot〔hat〕*adj.* 熱門的　　program〔'progræm〕*n.* 節目

***these days*** 近來　　free〔fri〕*adj.* 免費的

***plane ticket*** 機票　　Hawaii〔hə'waɪjə, hə'wɑjə〕*n.* 夏威夷

correctly〔kə'rɛktlɪ〕*adv.* 正確地　　minute〔'mɪnɪt〕*n.* 分鐘

31. ( **A** ) 海　倫：你可以把電視關掉嗎？這個噪音使我無法讀書。

特洛伊：妳只要回到自己的房間，就不會聽見聲音了。

(A) ***noise***〔nɔɪz〕*n.* 噪音　　(B) heat〔hit〕*n.* 熱；熱氣

(C) power〔'pauə〕*n.* 力量　　(D) light〔laɪt〕*n.* 光線；燈光

* ***turn off*** 關掉

32. ( **D** ) 卡森：再見，女孩們。菲比，明天見。

雪莉：為什麼卡森說他和妳明天見？

菲比：我們要出去野餐。妳要來嗎？

由菲比的回答可知，雪莉問的是「爲什麼」明天要見面，
故選 (D) **Why**。

* picnic〔'pɪknɪk〕 *n.* 野餐　　***go for a picnic*** 去野餐

第二部分：題組（第 33-60 題，共 28 題）

（33～35）

你吃肉嗎？嗯，如果你有吃的話，那你可能會覺得我們接下來
的新聞很有趣。有項研究指出，全世界對於肉的需求是逐漸增加的。
　　　　　　　　　　　　　　　　　　　　　　　　　　　　33
在 1960 年，全世界吃了六千四百萬噸的肉，每人吃了大約 21 公斤。
在 2007 年，這個數字上升到二億六千八百萬噸，每人吃了大約 40
公斤。同時，最受喜愛的肉類名單已經有了改變。在 1960 年代，牛
　　　　　　　　　　　34
肉是菜單上重要的項目。在大家所吃的肉當中，有 40%是牛肉。在
2007 年，豬肉變成了主角。家禽肉也變得受歡迎，從 12%上升至
32%，因爲人們近年來很擔心自己的健康。而哪個國家平均每個人
　　　　　　　　　　　　　　　　　　　　　　　　　　　35
吃掉的肉最多？你可能會猜是美國，對吧？答案是盧森堡！在 2007
年，每個盧森堡人吃掉大約 137 公斤的肉！僅次於盧森堡人的，就
是美國人。在 2007 年，每個美國人吃掉大約 126 公斤的肉！現在，
數字說得夠多了。我要爲大家播放一首歌，歌名是 Currywurst。這
位歌手唱的是關於他對跟這首歌同名的肉類菜餚的熱愛。好好欣賞
吧！

## 【註釋】

meat〔mit〕n. 肉　　then〔ðɛn〕adv. 那麼　　find〔faɪnd〕v. 覺得
next〔nɛkst〕adj. 接下來的　　interesting〔'ɪntrɪstɪŋ〕adj. 有趣的
study〔'stʌdɪ〕n. 研究　　million〔'mɪljən〕n. 百萬
tonne〔tʌn〕n. 公噸（= ton）　　kg n. 公斤（= kilogram）
*at the same time* 同時　　*in the 1960s* 在 1960 年代【即 1960-1969 年】
beef〔bif〕n. 牛肉　　high〔haɪ〕adj. 主要的；重要的；地位高的
menu〔'mɛnju〕n. 菜單　　of〔əv〕prep. 在…當中（= among）
pork〔pɔrk〕n. 豬肉　　star〔star〕n. 明星；主角
poultry〔'poltrɪ〕n. 家禽（肉）【如雞、火雞、鴨、鵝等】
*go up* 上升　　*thanks to* 因為
worries〔'wɜɪz〕n. pl. 擔心；煩惱的事　　health〔hɛlθ〕n. 健康
*these years* 最近幾年　　guess〔gɛs〕v. 猜
Luxembourg〔'lʌksəm,bɜg〕n. 盧森堡【西歐國家】
Luxembourger〔'lʌksəm,bɜgɚ〕n. 盧森堡人　　*second to* 僅次於
American〔ə'mɛrɪkən〕n. 美國人　　enough〔ə'nʌf〕pron. 夠了
number〔'nʌmbɚ〕n. 數字　　play〔ple〕v. 為（某人）播放（唱片等）
*called*… 叫作…　　singer〔'sɪŋɚ〕n. 歌手　　dish〔dɪʃ〕n. 菜餚
same〔sem〕adj. 同樣的　　*Enjoy!* 好好欣賞吧！

33. ( **C** )　(A) falling〔'fɔlɪŋ〕adj. 減退的；降低的
　　　　(B) special〔'spɛʃəl〕adj. 特別的
　　　　(C) *growing*〔'groɪŋ〕adj. 增加的
　　　　(D) common〔'kamən〕adj. 常見的；普通的

34. ( **C** )　(A) 我們已經改變了煮肉的方式
　　　　(B) 好幾種新的肉已經上市
　　　　(C) 最受喜愛的肉類名單已經有了改變
　　　　(D) 醫生一直在擔心我們吃太多肉
　　　　* change〔tʃendʒ〕v. n. 改變　　way〔we〕n. 方式
　　　　　kind〔kaɪnd〕n. 種類　　*the market* 買賣市場；業界
　　　　　*come on the market* 上市；在市場上出售（= hit the market）
　　　　　list〔lɪst〕n. 名單　　favorite〔'fevərɪt〕adj. 最喜愛的

35. ( **D** ) (A) 全世界最好的肉來自哪裡

(B) 哪一個國家是全世界最大的肉類製造者

(C) 你可以在哪裡吃到全世界最好吃的肉

(D) 哪個國家平均每個人吃掉的肉最多

\* maker〔ˋmekɚ〕*n.* 製造者

delicious〔dɪˋlɪʃəs〕*adj.* 美味的；好吃的　　***use up*** 用完；吃光

**（36～37）**

我親愛的朋友，

　　我家人和我一個月前搬到我們鄉下的房子。小孩子們計畫要在我們的新房子舉辦派對。我希望你們都能來。派對會在週六上午十一點開始。將會有很多食物和飲料。

　　這封信附有一張來我家的地圖。在你們下火車後，走車站前面的那條路。一直走，然後你就會看到一個養雞場。不要轉彎。一直往下走，然後你們就會看到一座橋。過橋後在你的左手邊會有一棵大樹。走過那個大樹，在第一個路口右轉，然後再走五分鐘。你們會看到很多房子。我的房子就在路的盡頭，在河流旁邊。

安潔莉卡

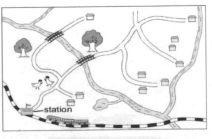

【註釋】

dear〔dɪr〕*adj.* 親愛的　　move〔muv〕*v.* 遷移；搬家

country〔ˈkʌntrɪ〕*adj.* 鄉下的；鄉間的　　plan〔plæn〕*v.* 打算；計畫

***give a party*** 舉辦派對 ( *= have a party = throw a party* )

***a.m.*** 上午；午前 ( *= ante meridiem* )　　***lots of*** 很多 ( *= a lot of* )

food〔fud〕*n.* 食物　　drink〔drɪŋk〕*n.* 飲料

***together with*** 與…一起；加上　　***get off*** 下 ( 車 )

***chicken farm*** 養雞場　　***make a turn*** 轉彎　　bridge〔brɪdʒ〕*n.* 橋

***on*** one's ***left*** 在某人的左邊　　past〔pæst〕*prep.* 經過

***take the right turn*** 右轉　　several〔ˈsɛvərəl〕*adj.* 幾個的；數個的

end〔ɛnd〕*n.* 末端；盡頭　　***next to*** 在…旁邊

36. ( **A** ) 爲何安潔莉卡邀請她的朋友？

　　(A) 來看她的新房子。　　(B) 來探訪養雞場。
　　(C) 來坐火車旅行。　　(D) 來野餐。
　　* visit〔ˈvɪzɪt〕*v.* 拜訪；探訪　　***take a trip*** 旅行
　　***have a picnic*** 野餐

37. ( **D** ) 看地圖。安潔莉卡住哪裡？

　　(A) 在 A。　　(B) 在 B。
　　(C) 在 C。　　(D) 在 D。

( 38～39 )

<<出路>>

**王名大著**

$450 → $199　　**馬上買！**

http://www.mingdawangbooks.net/thewayout/

| 讀者的話 |

我在朋友家裡讀了幾頁後，我無法放下書本停止閱讀。我借了這本書，並在當晚讀了一遍。我覺得這本書可以幫助害怕面對家庭問題的人。——李山姆

這本書拯救了我的生命。它打開了一扇門，帶領我到眞愛的世界。我能夠用新奇的眼光看我周圍的世界。——凱蒂雨果

這本書的第一個部分眞的非常感動我，讓我想要繼續讀下去。然而，當我讀到第二部分，我開始感到無聊。事實上，我沒有讀完這本書。——駱德葛林

這本書幫助我忘記我的煩惱。我隨著這本書裡面的人物大笑和哭泣。這本書的語言簡單明瞭，所有年齡層的人都可以享受閱讀這本書。——盧薇薇安

【註釋】

***way out*** 出口；出路；解決方法　　words〔wɜdz〕*n. pl.* 言語；話
***put down*** 放下　　borrow〔'baro〕*v.* 借（入）
***read over*** 讀一遍；從頭到尾讀完　　***be afraid to V.*** 害怕~；不敢~
face〔fes〕*v.* 面對　　save〔sev〕*v.* 拯救
led〔lɛd〕*v.* 帶領；引導【lead 的過去式】　　fresh〔frɛʃ〕*adj.* 新鮮的
***fresh new eyes*** 新奇的眼光　　touch〔tʌtʃ〕*v.* 感動
bored〔bɔrd〕*adj.* 無聊的　　***in fact*** 事實上　　finish〔'fɪnɪʃ〕*v.* 結束
laugh〔læf〕*v.* 笑　　simple〔'sɪmpl̩〕*adj.* 簡單的
clear〔klɪr〕*adj.* 清楚的　　language〔'læŋgwɪdʒ〕*n.* 語言
***people of all ages*** 所有年齡層的人　　enjoy〔ɪn'dʒɔɪ〕*v.* 享受；喜愛

38. ( **A** ) 關於這本書，何者「沒有」在文章裡說到？
　　　(A) 它敘述一個眞的故事。　　(B) 它現在比較便宜。
　　　(C) 有一位讀者覺得這本書很容易了解。
　　　(D) 有一位讀者覺得它第二個部分很無聊。
　　　* reading〔'ridɪŋ〕*n.* 文選；讀物

39. ( **A** ) 讀者從這本書最可能可以學到什麼？
　　　(A) 一種觀看世界的新方式。　　(B) 如何成爲喜劇作家。
　　　(C) 一個聰明的方式來面對工作的問題。
　　　(D) 如何在網路上買書。

* likely (ˈlaɪklɪ) *adv.* 可能地　　comic (ˈkɑmɪk) *adj.* 喜劇的
  writer (ˈraɪtɚ) *n.* 作者；作家　smart (smɑrt) *adj.* 聰明的
  ***on the Internet*** 在網路上

（40～41）

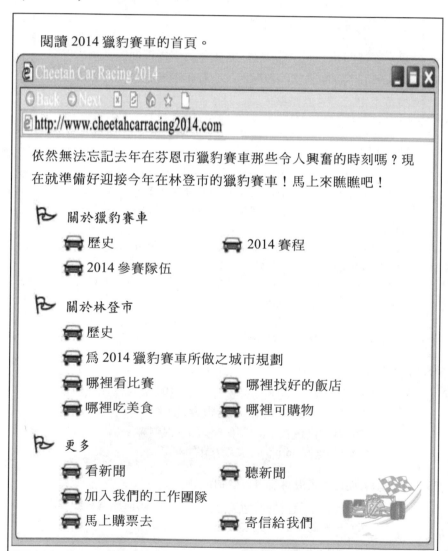

閱讀 2014 獵豹賽車的首頁。

Cheetah Car Racing 2014

Back　Next

http://www.cheetahcarracing2014.com

依然無法忘記去年在芬恩市獵豹賽車那些令人興奮的時刻嗎？現在就準備好迎接今年在林登市的獵豹賽車！馬上來瞧瞧吧！

關於獵豹賽車
　歷史　　　　　　　　2014 賽程
　2014 參賽隊伍

關於林登市
　歷史
　為 2014 獵豹賽車所做之城市規劃
　哪裡看比賽　　　　　哪裡找好的飯店
　哪裡吃美食　　　　　哪裡可購物

更多
　看新聞　　　　　　　聽新聞
　加入我們的工作團隊
　馬上購票去　　　　　寄信給我們

【註釋】

homepage〔'hom͵pedʒ〕*n.*（網頁）首頁　　cheetah〔'tʃitə〕*n.* 獵豹
race〔res〕*v. n.* 賽跑；賽車　　　still〔stɪl〕*adv.* 仍然
exciting〔ɪk'saɪtɪŋ〕*adj.* 令人興奮的；刺激的
moment〔'momənt〕*n.* 瞬間；片刻
*it's time to* + *V* 該是～的時候了　　*get ready for* sth. 爲某事準備好
*check out* 【口語】看看；試試　　history〔'hɪstərɪ〕*n.* 歷史；沿革
game〔gem〕*n.* 比賽；活動；運動
program〔'progræm〕*n.* 程序表；節目　　team〔tim〕*n.* 隊伍
*city planning* 城市規劃　　hotel〔ho'tɛl〕*n.* 飯店；旅館
ticket〔'tɪkɪt〕*n.* 票；券

40. ( **B** ) 誰不覺得這個首頁有用？

　　　(A) 艾比，想知道票價。

　　　(B) <u>貝蒂，想在芬恩市到處走走。</u>

　　　(C) 辛蒂，想分享她對賽車的想法。

　　　(D) 黛比，想收集有關賽車手的新聞。

　　　* price〔praɪs〕*n.* 價錢；價格　　*get around* 到處走動
　　　 share〔ʃɛr〕*v.* 分享　　idea〔aɪ'diə〕*n.* 主意；構想
　　　 collect〔kə'lɛkt〕*v.* 收集　　racer〔'resɚ〕*n.* 賽車手

41. ( **D** ) 琳達正在閱讀以下獵豹賽車的網頁頁面。

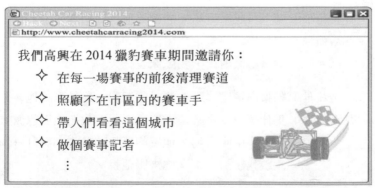

我們高興在 2014 獵豹賽車期間邀請你：

　◇ 在每一場賽事的前後清理賽道

　◇ 照顧不在市區內的賽車手

　◇ 帶人們看看這個城市

　◇ 做個賽事記者

　　　⋮

琳達點擊 2014 獵豹賽事首頁的何處到這個頁面？

(A) 🚗 2014 賽程。

(B) 🚗 為 2014 獵豹賽車所做之城市規劃。

(C) 🚗 哪裡可購物

(D) 🚗 <u>加入我們的工作團隊。</u>

\* below〔bəˈlo〕*adv.* 以下　　***take care of*** 照顧
reporter〔rɪˈportɚ〕*n.* 記者
click〔klɪk〕*v.* 點擊；發出喀噠聲

（42～44）

---

賽希莉雅：艾迪這個星期六將要舉辦一場試吃派對。

葛洛莉雅：不！

賽希莉雅：而且我們兩個都有被邀請。

葛洛莉雅：不！我告訴過妳，我絕對不會再出席他的任何一場
試吃派對了。

賽希莉雅：他說他想把最新口味的餅乾分享給最親愛的朋友。

葛洛莉雅：如果他把我們看成是他最親愛的朋友，他應該停止
舉辦試吃派對。

賽希莉雅：嗯，看起來烘焙真的帶給他生活樂趣。

葛洛莉雅：但是烘焙卻帶走我生活中的歡樂！上一次參加完他
的試吃派對後，我臥床了三天。

賽希莉雅：如果妳這麼討厭他的試吃派對，妳就告訴他。

葛洛莉雅：為什麼我總是必須當壞人？記得我把他從想做衣服
的美夢中叫醒嗎？他哭的淅哩嘩啦的，而且一個月
不跟我說話。這次妳來跟他說。

---

賽希莉雅： 我不行。如果我告訴他，我要怎麼在我們的舞蹈課
面對他？

葛洛莉雅： 所以我們還是要在他的試吃派對上說謊囉？

賽希莉雅： 恐怕是如此。

【註釋】

taste〔test〕*v.* 品嘗；試吃　　party〔'partɪ〕*n.* 派對；宴會

***have a party*** 舉辦一場派對　　both〔boθ〕*n.* 兩者；雙方

invite〔ɪn'vaɪt〕*v.* 邀請　　***stop* + *Ving*** 停止

baking〔'bekɪŋ〕*n.* 烘焙；烘烤　　***take away*** 帶走；拿走

mine〔maɪn〕*n.* 我的～【I 的所有代名詞】　　***last time*** 上一次

***in bed*** 在床上　　***be the bad person*** 當壞人

***wake sb. up*** 把某人叫醒　　dream〔drim〕*n.* 夢想；願望

***a lot of*** 許多　　***have to*** 必須　　lie〔laɪ〕*v.* 撒謊

afraid〔ə'fred〕*adj.* 害怕的；恐怕

42. ( **C** ) 關於艾迪，我們可以得知什麼？

(A) 他的朋友認為他是一位優秀的舞者。

(B) 他跟賽希莉雅一起上烘焙課。

(C) 他的朋友不喜歡他做的衣服。

(D) 他不知道如何向他的朋友說不。

* dancer〔'dænsɚ〕*n.* 舞者　　***take classes*** 上課
***say no*** 拒絕

43. ( **D** ) 何者為真？

(A) 賽希莉雅已經一個月沒跟艾迪說話了。

(B) 賽希莉雅在艾迪上次的派對玩得很開心。

(C) 葛洛莉雅分享艾迪的餅乾給其他的朋友。

(D) 葛洛莉雅不想去艾迪的試吃派對。

* ***have a good time*** 過得很愉快；玩得很痛快

44. (**A**) it 是什麼意思？

    (A) <u>告訴艾迪關於他的烘焙。</u>

    (B) 告訴艾迪不要再說謊了。

    (C) 告訴艾迪如何從烘焙中找到樂趣。

    (D) 告訴艾迪停止為了小事而哭泣。

    * ***tell lies*** 說謊話

（45～47）

---

    以下為裘西在她的筆記本寫下的內容。

12 月 15 日

非常悲傷的一天。有台校車被一輛卡車撞到。很多孩童嚴重受傷。一個小男孩失去他的生命。他的媽媽是這群孩童的老師。我們也無法救回他。

12 月 22 日

蘿妮說她將會穿一身白去聖誕舞會。我說她瘋了。我們一直以來都穿白的。誰還會想在聖誕夜穿白色？

12 月 25 日

人們持續地進來，並且請求我們幫忙，因為他們受傷了。為什麼人們總是在假日期間做蠢事？

12 月 31 日

警方帶來一位年輕人，他試圖進入一戶民宅時弄斷了自己的腿。當在照料他的腿的時候，我問他為什麼想進去別人的房子，他說他只是想借個鍋子。但是克拉克警官說，這位年輕人一直從陌生人的房子裡借了很多鍋子。

1 月 3 日

當豪威爾來到我的桌旁時，我知道我的午餐時間結束了。他是個好人。但當我吃著牛肉三明治時，我最不想知道的，就是他開過多少人的頭。

【註釋】

notebook〔'not͵bʊk〕*n.* 筆記本　　sad〔sæd〕*adj.* 悲傷的
*school bus* 校車　　hit〔hɪt〕*v.* 撞到…　　truck〔trʌk〕*n.* 卡車
badly〔'bædlɪ〕*adv.* 嚴重地　　hurt〔hɜt〕*v.* 傷害
*lose one's life* 失去生命　　*not… either* 也不…
*lose one's mind* 發瘋；失去理智　　*all the time* 一直
eve〔iv〕*n.* 前夕　　keep〔kip〕*v.* 持續　　*ask for* 要求
stupid〔'stjupɪd〕*adj.* 愚蠢的　　*on holidays* 在假日
*the police* 警方　　break〔brek〕*v.* 折斷　　enter〔'ɛntɚ〕*v.* 進入
*take care of* 照顧　　pot〔pat〕*v.* 鍋；罐；壺
officer〔'ɔfəsɚ〕*n.* 警官　　lunchtime〔'lʌntʃ͵taɪm〕*n.* 午餐時間
*cut open* 切開　　*the last* 最不…的　　beef〔bif〕*n.* 牛肉
sandwich〔'sændwɪtʃ〕*n.* 三明治

45.（**B**）裴西在哪裡工作？

(A) 在學校。　　　　　　(B) 在醫院。
(C) 在餐廳。　　　　　　(D) 在警察局。

* hospital〔'haspɪtḷ〕*n.* 醫院　　restaurant〔'rɛstərənt〕*n.* 餐廳
*police station* 警察局

46.（**B**）關於裴西，下列何者為真？

(A) 她在聖誕節不用工作，因為她受傷了。

(B) 她不喜歡豪威爾在午餐時間說的話。

(C) 在校車被卡車撞到時，她失去了她的兒子。

(D) 她喜歡蘿妮要穿什麼去聖誕舞會的想法。

* *talk about* 談論　　idea〔aɪ'diə〕*n.* 想法

47. ( **D** ) 從本文我們可以得知什麼？

    (A) 那個撞到校車的卡車司機死了。

    (B) 豪威爾喜歡午餐吃牛肉三明治。

    (C) 蘿妮不想跟裘西一起去聖誕舞會。

    (D) <u>克拉克警官不認爲那個年輕人說的話是眞的。</u>

    \* reading〔ˈridɪŋ〕*n.* 文章    true〔tru〕*adj.* 眞的

（48～50）

---

## G N B 新聞

### 永遠的謝幕

    演員內桑雷恩，昨晚於睡夢中在自己家中過世，享年78歲。內桑雷恩，在1970年代開始他的演藝人生。他最知名的是在電影「年輕時光」中飾演賈斯汀莫德。這部電影讓全世界都爲他神魂顛倒。女人都想要像他一樣的丈夫；而男人想要像他一樣的兄弟。他的影迷們都稱他爲永遠的賈斯汀。繼「年輕時光」之後，他也演了許多強檔大片：「墮落」、「今晚過後」、「追殺茉勒」。而「追殺茉勒」讓他獲得最佳男演員獎。在1980年代，內桑雷恩失去了大銀幕上的光芒。在這段期間，他的電影從沒進過排行榜的前20名。內桑雷恩的最後一部電影是「夢」，雖然這部電影讓他獲得兩次最佳男演員獎，但是卻沒有讓他的影迷再次回到電影院裡。

    這禮拜六早上十點，在聖彼得教堂，將會如雷恩所願，舉辦一場「電影饗宴」。朋友和家人將會聚集在一起，再次享受他帶給世界的那些好時光。

## 【註釋】

* forever〔fə'ɛvə〕adv. 永遠　　bow〔bau〕n. 鞠躬
*take a bow* 鞠躬謝幕　　sleep〔slip〕n. 睡覺
start〔start〕v. 開始　　acting〔'æktɪŋ〕adj. 演戲的
*in the 1970s* 在 1970 年代　　most〔most〕adv. 最
known〔non〕adj. 知名的　　play〔ple〕v. 扮演
swoon〔swun〕v. 陶醉；著迷　　*swoon over* 對～神魂顛倒
husband〔'hʌzbənd〕n. 丈夫　　fan〔fæn〕n. 迷
call〔kɔl〕v. 稱呼　　several〔'sɛvərəl〕adj. 數個的
big〔bɪg〕adj. 偉大的；重要的
won〔wʌn〕v. 使（某人）贏得【win 的過去式】
actor〔'æktə〕n. 演員　　award〔ə'wɔrd〕n. 獎
lost〔lɔst〕v. 失去【lose 的過去式】　　shine〔ʃaɪn〕n. 光芒
screen〔skrin〕n. 螢幕；（電影的）銀幕
during〔'dʊrɪŋ〕prep. 在…期間　　never〔'nɛvə〕adv. 從來
enter〔'ɛntə〕v. 進入　　*top 20* 前 20 名　　list〔lɪst〕n. 名單
though〔ðo〕conj. 雖然　　*bring sb. back to* 使某人回到
theater〔'θiətə〕n. 電影院　　church〔tʃɜtʃ〕n. 教堂
wish〔wɪʃ〕v. 希望　　*get together* 聚集
enjoy〔ɪn'dʒɔɪ〕v. 享受　　*once again* 再一次
times〔taɪmz〕n. pl. 時光　　bring〔brɪŋ〕v. 帶
world〔wɜld〕n. 世界

48. ( **C** ) 本文主要是關於什麼？

(A) 內桑雷恩對家人的愛與恨。

(B) 內桑雷恩電影的優點和缺點。

(C) 內桑雷恩在演藝事業的起起落落。

(D) 內桑雷恩在成為演員之前和之後的人生。

* reading〔'ridɪŋ〕n. 文章　　mostly〔'mostlɪ〕adv. 主要地
rise〔raɪz〕n. 上升　　fall〔fɔl〕n. 下降
*rise and fall* 起起落落；興衰　　show〔ʃo〕n. 表演
business〔'bɪznɪs〕n. 事業　　*show business* 演藝事業

49. ( **B** ) swoon over 在本文中是什麼意思？

    (A) 把門關上。        (B) 為之瘋狂。

    (C) 分享喜悅。        (D) 努力試著處理。

    * *close the door on* sb. 對某人關門    go〔go〕v. 變得
    crazy〔ˋkrezɪ〕adj. 瘋狂的；迷戀的    share〔ʃɛr〕v. 分享
    joy〔dʒɔɪ〕n. 喜悅    *deal with* 應付；處理

50. ( **C** ) 以下是關於內桑雷恩的影評。從這篇文章中，哪個選項最有可能
是「夢」的評論？

    (A)

> …故事了無新意；內桑雷恩很顯然沒有為他在電影裡面
> 的角色做足功課。電影沒有在剛上映的時候進入排行榜
> 前十名，一點都不令人驚訝…

    (B)

> …這變成內桑雷恩第二暢銷的電影，也是今年全國第三暢
> 銷的電影，很有可能會讓他獲得另一座最佳演員獎…

    (C)

> …看看他在這部電影裡面一點都不像演員內桑雷恩，而
> 是像一個可憐的老先生。然而，精湛的演技不一定對
> 票房有幫助…

    (D)

> …這部電影新鮮有趣，但是演技卻不是。然而，這是
> 全國過去三週以來最賣座的電影。顯然相較於演技，
> 內桑雷恩的影迷們比較在意的是他英俊的外表…

* nothing〔'nʌθɪŋ〕*pron.* 沒有　　clearly〔'klɪrlɪ〕*adv.* 清楚地
enough〔ə'nʌf〕*adj.* 足夠的
homework〔'hom,wɜk〕*n.* 功課　　part〔part〕*n.* 角色
surprise〔sə'spraɪz〕*v. n.* 驚訝　　***make it*** 成功
out〔aut〕*adv.* 出現；問世　　best-selling *adj.* 最暢銷的
also〔'ɔlso〕*adv.* 也　　get〔gɛt〕*v.* 使獲得
country〔'kʌntrɪ〕*n.* 國家　　another〔ə'nʌðɚ〕*adj.* 另一個的
***not…anymore*** 不再…　　however〔hau'ɛvɚ〕*adv.* 然而
***not always*** 未必；不一定　　fresh〔frɛʃ〕*adj.* 新鮮的
past〔pæst〕*adj.* 過去的　　fan〔fæn〕*n.* 迷
less〔lɛs〕*adv.* 較不　　handsome〔'hænsəm〕*adj.* 英俊的

**(51～53)**

以下是今年由「最佳生活網」關於對動物島嶼的前 10 名城市的報導。

①**鵝　市**：從去年的第二名攀升到第一名，鵝市因為它可愛的公
園、文化中心，和舒適的生活空間而拔得頭籌。

②**老虎市**：第一名的位置輸給了鵝市，老虎市還是很美麗的城
市，一如往常的綠草如茵。

③**小鴨市**：唯一連續五年位居前三名的城市，小鴨市現在為了明年
的世足賽而清理環境。

④**公牛市**：不僅是一個很有名的商業城市，公牛市已經轉變成花園
城市。

⑤**獅子市**：以文化和美麗的花園聞名，獅子市是第一個進入前 5 名
的北方城市。

⑥**鯊魚市**：和公牛市有一樣優異的多季運動，這個令人興奮的城市
是我們東部挑選出來第二好的。

⑦**狐狸市**： 這個城市有白色的沙灘會增進排名，如果交通問題少一點的話，排名應該會更高。

⑧**山羊市**： 跌落兩名，山羊市現在應該思考公園而不是購物中心。

⑨**烏龜市**： 第一次進入前十名，這個古老的漁業城鎮充滿了驚喜。

⑩**乳牛市**： 從第七名下滑，乳牛市必須清理空氣。

**【註釋】**

report〔rɪˋport〕n. 報告　　animal〔ˋænəml〕n. 動物
island〔ˋaɪlənd〕n. 島嶼　　goose〔gus〕n. 鵝　　*climb up* 攀升
*second place* 第二名　　*come in first* 得第一名
lovely〔ˋlʌvlɪ〕adj. 可愛的　　cultural〔ˋkʌltʃərəl〕adj. 文化的
center〔ˋsɛntɚ〕n. 中心　　comfortable〔ˋkʌmfɚtəbl〕adj. 舒適的
living〔ˋlɪvɪŋ〕adj. 生活的　　space〔spes〕n. 空間
tiger〔ˋtaɪgɚ〕n. 老虎　　lose〔luz〕v. 失去　　*top place* 第一名
green〔grin〕adj. 綠色的；環保的　　*as…as ever* 跟以前一樣…
duck〔dʌk〕n. 鴨子　　stay〔ste〕v. 停留　　*clean up* 清理
*Football World Cup* 世界盃足球賽　　ox〔ɑks〕n. 公牛
famous〔ˋfeməs〕adj. 有名的　　business〔ˋbɪznɪs〕n. 商業
*turn…into~* 使…轉變成~　　garden〔ˋgardn̩〕n. 花園
lion〔ˋlaɪən〕n. 獅子　　north〔nɔrθ〕n. 北方
enter〔ˋɛntɚ〕v. 進入　　shark〔ʃark〕n. 鯊魚
sport〔sport〕n. 運動　　exciting〔ɪkˋsaɪtɪŋ〕adj. 令人興奮的
pick〔pɪk〕n. 所挑選之物　　east〔ist〕n. 東方
fox〔fɑks〕n. 狐狸　　beach〔bitʃ〕n. 海灘　　rise〔raɪz〕v. 上升
ranking〔ˋræŋkɪn〕n. 排名；等級　　traffic〔ˋtræfɪk〕n. 交通
drop〔drɑp〕v. 下降　　goat〔got〕n. 山羊
*shopping center* 購物中心　　turtle〔ˋtɝtl〕n. 烏龜
fishing〔ˋfɪʃɪŋ〕n. 漁業　　*be full of* 充滿了　　cow〔kau〕n. 母牛

51. ( **D** ) 關於這篇報導哪一項不是真的？

    (A) 它告訴我們一些城市為什麼有名。

    (B) 它告訴我們一些城市有什麼是需要處理的。

    (C) 綠地在報導中扮演很重要的角色。

    (D) <u>這是最佳生活網第二年做這個報導。</u>

    * *be known for* 因此…而有名　　need〔nid〕*v.* 需要
    *deal with* 應付；處理
    *play an important part* 扮演重要的角色

52. ( **A** ) 關於這些城市，我們可以從這篇報導中得知什麼?

    (A) 今年前五名中的一個城市是在東部。

    (B) <u>很少人去公牛市做生意。</u>

    (C) 北方沒有城市進入今年的前十名。

    (D) 鵝市是動物島嶼中的第二大城市。

    * learn〔lɝn〕*v.* 得知　　*do business* 做生意

53. ( **D** ) 哪一個最有可能是去年動物島嶼的前十名排名?

(A)

| ①老虎市 | ②鵝　市 | ③乳牛市 | ④公牛市 | ⑤小鴨市 |
| --- | --- | --- | --- | --- |
| ⑥山羊市 | ⑦獅子市 | ⑧鯊魚市 | ⑨狐狸市 | ⑩烏龜市 |

(B)

| ①老虎市 | ②鵝　市 | ③小鴨市 | ④大熊市 | ⑤獅子市 |
| --- | --- | --- | --- | --- |
| ⑥鯊魚市 | ⑦山羊市 | ⑧乳牛市 | ⑨狐狸市 | ⑩公牛市 |

(C)

| ①鵝　市 | ②老虎市 | ③小鴨市 | ④狐狸市 | ⑤大熊市 |
| --- | --- | --- | --- | --- |
| ⑥山羊市 | ⑦乳牛市 | ⑧獅子市 | ⑨公牛市 | ⑩鯊魚市 |

(D)

| ①老虎市 | ②鵝　市 | ③小鴨市 | ④公牛市 | ⑤大熊市 |
| --- | --- | --- | --- | --- |
| ⑥山羊市 | ⑦乳牛市 | ⑧獅子市 | ⑨狐狸市 | ⑩鯊魚市 |

* likely〔ˈlaɪklɪ〕*adj.* 可能的

（54～56）

六個人正接受採訪，談論關於他們大樓屋頂的花園。

茉　莉：當威爾伯最初告訴我關於這件事的時候，我喜愛這個點子。我們和鄰居開了很多會，試圖讓他們了解為什麼在屋頂上蓋花園很好。現在人們喜愛來這，而且幫助我們許多人成為朋友！

◆ ◆ ◆ ◆ ◆ ◆

威爾伯：<u>這整件事</u>起初並不容易。但是茉莉幫了大忙。而且她真的很擅長讓人們樂於為了屋頂花園付錢。

◆ ◆ ◆ ◆ ◆ ◆

大　衛：我的孩子們喜愛上去那裡。他們坐在那裡觀賞蝴蝶和鳥。屋頂花園使他們更親近大自然。

◆ ◆ ◆ ◆ ◆ ◆

山　謬：你想要綠油油的事物？去造訪公園！它只有一個街區之遠！在屋頂花園蓋好以後，蟲子開始飛進我的公寓！而且當孩童們從屋頂上下來的時候，他們會在樓梯上留下泥巴！

◆ ◆ ◆ ◆ ◆ ◆

蘿　西：現在我們的大樓在夏天的時候比較涼爽。我的寶寶甚至在炎熱的夏日也能睡得好！

◆ ◆ ◆ ◆ ◆ ◆

芙蘿拉：猜猜這些蕃茄是從哪來的！不是超級市場。它們是從我們的屋頂來的！那不是很棒嗎？

【註釋】

interview〔ˋɪntɚͺvju〕*v. n.* 訪談；面談
roof〔ruf〕*n.* 屋頂　　building〔ˋbɪldɪŋ〕*n.* 建築物；大樓

meeting〔'mitɪŋ〕*n.* 會議　　neighbor〔'nebɚ〕*n.* 鄰居
build〔bɪld〕*v.* 建造　　become〔bɪ'kʌm〕*v.* 成為
whole〔hol〕*adj.* 全部的；整個的　　***be good at*** 擅於
give〔gɪv〕*v.* 付出　　kid〔kɪd〕*n.* 小孩
butterfly〔'bʌtɚ,flaɪ〕*n.* 蝴蝶　　bring〔brɪŋ〕*v.* 使
close〔klos〕*adj.* 親近的　　nature〔'netʃɚ〕*n.* 大自然
green〔grin〕*adj.* 綠油油的　　visit〔'vɪzɪt〕*v.* 造訪；去
block〔blɑk〕*n.* 街區　　apartment〔ə'pɑrtmənt〕*n.* 公寓
mud〔mʌd〕*n.* 泥巴　　stairs〔stɛrs〕*n. pl.* 樓梯
cool〔kul〕*adj.* 涼爽的　　tomato〔tə'meto〕*n.* 蕃茄
wonderful〔'wʌndɚ,fəl〕*adj.* 很棒的

54. ( **D** ) 關於在訪談中的六個人，我們知道什麼？
　　(A) 他們全部都說屋頂花園的好事。
　　(B) 他們當中有些人有領薪水來幫忙蓋屋頂花園。
　　(C) 在屋頂花園蓋好以前，他們都在談論它。
　　(D) 他們當中有些人致力於蓋屋頂花園的計畫。
　　* pay〔pe〕*v.* 支付（薪水）　　***work on*** 致力於

55. ( **B** ) 關於屋頂花園的好事，哪一項沒有在訪談中被談到？
　　(A) 它使大樓內的人們彼此更爲緊密。
　　(B) 它利用落在樓頂上的雨水。
　　(C) 它使大樓在夏天成爲一個更舒適的地方。
　　(D) 它給大樓內的人們一個機會來種植他們自己的食物。
　　* together〔tə'gɛðɚ〕*adv.* 一起；相互地　　use〔juz〕*v.* 利用
　　rainwater〔'ren,wɔtɚ〕*n.* 雨水　　fall〔fɔl〕*v.* 降落
　　chance〔tʃæns〕*n.* 機會　　grow〔gro〕*v.* 種植

56. ( **C** ) 訪談裡的 the whole thing 是什麼意思？
　　(A) 在屋頂花園開會。　　　(B) 每天照顧屋頂花園。
　　(C) 讓人們同意屋頂花園的點子。
　　(D) 邀請人們多加利用屋頂花園。
　　* mean〔min〕*v.* 意思是　　agree〔ə'gri〕*v.* 同意
　　***make use of*** 利用

（57～60）

### 讀者的故事

　　在炎炎夏日的尖峰時間搭公車絕對不舒適。我所有的朋友都討厭這件事。而我…，嗯，我<u>以前</u>也<u>討厭</u>
　　　　　　　　　　　　　　　　　57　　　57
這件事。

　　故事是發生在兩個月前。我在一輛幾乎擠進市內所有人的公車上。我<u>正要和我的朋友尼爾碰面</u>去看表
　　　　　　　　　　　　　　　58　　　　　　58
演。接著他打電話給我，說他不能來。「這不是我計畫的星期五！」我心裡想。公車上的空氣很糟；在我前方的男士聞起來像死魚。當我正在為自己感到難過時，有個女生叫了我的名字。我起初沒有認出她。然後我很驚訝地發現她是我的老鄰居，惠婷。我<u>有</u>很多
　　　　　　　　　　　　　　　　　　　　59
年<u>不見</u>惠婷了。我們以前小時候每天都一起玩。我們
　　59
見到彼此很高興，所以我們決定一起吃晚餐。而且那次也是之後許多次晚餐的開端。

　　因為惠婷，搭公車已<u>變成</u>我喜愛的事物。公車還
　　　　　　　　　　　　60
是擠滿了人，但是我每天都很享受搭車。

（張翔，台北）

## 【註釋】

reader〔'ridɚ〕*n.* 讀者　　story〔'stɔrɪ〕*n.* 故事
rush〔rʌʃ〕*adj.* 匆促的　　*rush hour*　（交通）尖峰時刻
hate〔het〕*v.* 討厭　　happen〔'hæpən〕*v.* 發生
month〔mʌnθ〕*n.* 月　　pack〔pæk〕*v.* 使擠進
almost〔'ɔl,most〕*adv.* 幾乎　　city〔'sɪtɪ〕*n.* 城市
show〔ʃo〕*n.* 表演　　call〔kɔl〕*v.* 打電話；叫
plan〔plæn〕*v.* 計劃　　air〔ɛr〕*n.* 空氣
terrible〔'tɛrəbļ〕*adj.* 可怕的　　*in front of* 在…前面
smell〔smɛl〕*v.* 聞起來　　sorry〔'sɔrɪ〕*adj.* 難過的
recognize〔'rɛkəg,naɪz〕*v.* 認出
surprised〔sə'praɪzd〕*adj.* 驚訝的
find〔faɪnd〕*v.* 發現　　*in years* 好幾年　　*used to* 以前
decide〔dɪ'saɪd〕*v.* 決定　　have〔hæv〕*v.* 吃
start〔stɑrt〕*n.* 開始　　ride〔raɪd〕*n.* 乘坐；搭乘
enjoy〔ɪn'dʒɔɪ〕*v.* 享受；喜歡

57.（**C**）依句意，選 (C) *used to hate*「以前討厭」。

58.（**B**）依句意，選 (B) *was going to meet*「正要去和…見面」。

59.（**D**）過去某一時間已完成的動作，須用「過去完成式」，又張翔是過去一段時間沒有見到惠婷，故選 (D) *hadn't seen*。

60.（**A**）從過去持續到現在的動作，須用「現在完成式」，又張翔從見到惠婷後，到現在搭車「已變成」他喜愛的事情，故選 (A) *has become*。

【劉毅英文製作】

# 103 年國中教育會考英語科試題修正意見

這份考題出得很精彩，但受到中國文化影響，容易出現一些錯誤。

| 題　　號 | 修　　正　　意　　見 |
|---|---|
| 第 35 題<br>(D) | which country *uses up* the most meat *for each* person<br>→ which country *eats* the most meat *per* person<br><br>* 根據句意，「哪個國家平均每個人吃掉的肉最多」，所以 uses up 應改為 eats 或 consumes，for each person 應改為 per person。 |
| 第 40 題<br>(D) | Debby, who wants to *collect* news about the car racers.<br>→ Debby, who wants to *read* news about the car racers.<br><br>* 美國人習慣「讀」新聞，而不是「收集」新聞，所以 collect 應改為 read。 |
| 第 48-50 題<br>倒數第 3 行 | This Saturday morning, 10 o'clock at St. Peter's Church, …<br>→ This Saturday morning, *at* 10 o'clock at St. Peter's Church, …<br><br>* 表示幾點鐘，須用介系詞 at。This Saturday morning 是名詞片語當副詞用【詳見「文法寶典」p.100】可改成 On Saturday morning，但是 10 o'clock 前需要介系詞 at。 |
| 第 50 題<br>第 1 行 | Here are reviews *about* Nathan Lang's movies.<br>→ Here are reviews *of* Nathan Lang's movies.<br><br>* 表「…的評論」，用 reviews of 或 comments about。 |
| 第 50 題<br>(B) (D) | *best-selling* → *most popular* 或 *most successful*<br><br>* best-selling（暢銷的）是指商品的銷售，例如 DVD，不可用於電影，所以應改為 most popular（最受歡迎的）或 most successful（最成功的）。 |